日本人が知らない

「スーホの白い馬」の真実

ミンガド・ボラグ
Minggad Bulag

まえがき

「スーホの白い馬」は、日本では子どもから大人まで世代を超えて広く知られている物語である。一九六七年に福音館書店から刊行された『スーホの白い馬』(大塚勇三再話、赤羽末吉画)という大判絵本に先立ち、一九六五年から光村図書出版小学校国語教科書『しょうがくしんこくご(二年・下)』(現在は『こくご(二・下)』)に、「白い馬」のタイトルで掲載され、今に至っている。

私は「スーホの白い馬」の舞台である中国・内モンゴル自治区(以下、内モンゴル)出身のモンゴル人であり、馬頭琴《ばとうきん》奏者でもある。来日後、南は沖縄から北は東北地方まで数多くの小学校で、「スーホの白い馬」の学習の一環として馬頭琴の「出前授業」を実施してきた。

しかし日本での「スーホの白い馬」の学習にかかわる日々のなかで私には「この物語はいったいどこからきたものなのか?」という疑問や違和感がこみ上げ、膨らんでいくようになった。

日本では「スーホの白い馬」は一般にモンゴル民話だと受け止められている。しかし、モンゴル国はもちろん、中国内モンゴルにおいても「スーホの白い馬」という物語は存在しない。たとえば、白馬を弓矢で射殺す、といったモンゴル人にとってはあり得ない、極めて不自然な描写も多数散りばめられている。また、伝統社会で成立して口承により伝えられた、いわゆる民話は、内容が簡潔で、当たり前のことを細かく説明することはあまりない。人々のなかにある知識や常識、または経験がその部分を自然に補ってしまうからである。「スーホの白い馬」の場合、起承転結がはっきりしていて、あまりにも出来すぎた物語であり、民話というには甚《はなは》だ多くの疑問を感じる。何よりも驚きなのは、この物語がモンゴル民話だといいながら、そもそもは中国語で書かれた「馬頭琴」という物語を日本語に翻訳するという不自然な形で作られた物語だということだ。

極めて不自然な描写の源流はこうした経緯にあるはずだ。そう思った私は、中国語の「馬頭琴」の整理者、中国人作家・塞野《セーイエ》に聞くのが一番手っ取り早いと考えた。しかし、それはそう簡単ではなかった。「馬頭琴」が初めて書物に掲載されたのは一九五〇年代であることを考えると、すでに整理者が亡くなっている可能性だってあった。彼に関する有力な情報は得られないまま何年もの歳月が過ぎていった。

そこで私は中国語の「馬頭琴」の舞台である「チャハル草原」を中心に調査することを

決意し、現地に出向いた。すると、次々と真相が明らかになってきた。それをまとめる形で二〇一六年、私は『「スーホの白い馬」の真実――モンゴル・中国・日本それぞれの姿』(風響社)を出版した。出版後、大いに話題にはなったのだが、「スーホの白い馬」が「来日」してから六〇年近く経過していることもあって、多くの日本人の頭に刻み込まれた「スーホの白い馬」=モンゴル民話という図式を崩すには至らなかった。

やはり整理者の塞野に直接会って話が聞きたい。そうした思いは強まるばかりだったが、その願いはやがて叶《かな》えられた。二〇一八年四月、内モンゴル自治区の地方の町にひっそりと暮らしていた八九歳になる塞野に巡り合うことができたのだ。

本書では、その時の話も織り交ぜながら、拙著『「スーホの白い馬」の真実』を踏まえて「スーホの白い馬」の成立過程や、その思想的、歴史的、文化的背景を明らかにすることによって、「スーホの白い馬」を巡る様々な疑問に対する答えを導き出すことを目指している。日本には「スーホの白い馬」を題材にした研究は多くあるが、そのほとんどが「モンゴル民話」であるという前提で行われた研究である。本書は「スーホの白い馬」は本当にモンゴルの民話なのか、という疑問を起点にしている(塞野への取材に関しては『日本モンゴル学会紀要』第51号[二〇二一年]に掲載された研究ノート『「スーホの白い馬」の原話「馬頭琴」

の誕生に関する考察』を部分的に利用している)。

また、日本におけるモンゴル理解の入門書とも言える「スーホの白い馬」が日本人にいかに受け止められているか、という問題を考えながら、中国や漢族文化に介在されることによって、少数民族に対する日本人の理解がどれほどゆがめられ貶《おとし》められているか、という問題を、内モンゴル出身の研究者の視点から述べたい。

日本人が知らない「スーホの白い馬」の真実◎目次

第二章　階級闘争的な中国の創作文学……77

第三章　プロパガンダにゆがめられた民族文化……157

第五章 満洲国から中国へ、翻弄され続けるモンゴル民族……239

視聴「馬頭琴」の演奏――スマホで再生できる音声データ

スマートフォンやタブレットのアプリなどでQRコードを読み取ります。
表示されたURLをブラウザで開くと演奏を聴くことができます。

❶

モンゴル民謡
「フグシン・ホーホン」
（老馬を讃える歌）

編曲：バトムンコ／ミンガド・ボラグ
馬頭琴：バトムンコ／ミンガド・ボラグ
低音馬頭琴：バトムンコ
琴：アローハン
歌、ホーミー：バトムンコ
本文222p参照

▼

❷

オリジナル曲
「地平線」

作曲：バトムンコ
馬頭琴：バトムンコ
（*アラソン・ホール）

*伝統的な馬頭琴の一種。
共鳴箱の表面に動物の革が張られ、
棹の先端部分が馬の頭の形をし、
弦には馬の尻尾の毛を使用。
本文237p参照

▼

注意事項

■当コンテンツの閲覧に必要となるＱＲコード、およびＵＲＬの転載、転売、譲渡をかたく禁じます。転売および譲渡されたＱＲコード、およびＵＲＬでの閲覧は厳禁です。
■当コンテンツは閲覧用としてのみ、ダウンロード・オンライン閲覧を許可します。当コンテンツの全部または一部をネットワーク上にアップロードすること、複製・複写物を公開すること等を禁じます。
■利用者が不正もしくは違法に本サービスを利用することにより、当社に損害を与えた場合、当社は当該利用者に対して相応の損害賠償の請求（弁護士費用を含む）を行う場合があります。
■本サービスは予告なく内容を変更することや終了することがあります。
■ＱＲコードは株式会社デンソーウェーブの登録商標です。

ウランホト
(王爺廟《ワンインスム》)
シリンホト
(貝子廟《ベイスインスム》)
満洲国
赤峰
北京
山海関
渤海
河北省
黄海
朝鮮半島

旧・満洲国と現在の「中国・内モンゴル自治区」「モンゴル国」

＊かっこ内は、「蒙古自治邦政府」が成立（蒙古聯合自治政府から改称）した1941年8月4日当時の国名や地名など。

第一章　「スーホの白い馬」が日本に伝わった背景

本章では、「スーホの白い馬」の原話や出典といった基礎的な情報をあげた上で、「スーホの白い馬」の教科書版と絵本版の表現の違いや、原典である中国人作家・塞野《セーイエ》版「馬頭琴」との違いについて比較、検討する。これによって大塚勇三が塞野版「馬頭琴」を翻訳する形で「スーホの白い馬」を作成したことや、翻訳する段階で日本人読者向けにアレンジしていることを明らかにする。

また、「スーホの白い馬」が日本に伝わった歴史的背景について「第二満洲国」として内モンゴル中西部草原を取り巻く日本軍の活動について述べたい。

1　「スーホの白い馬」とは？

モンゴルの民族楽器である馬頭琴の起源にまつわる物語とされる「スーホの白い馬」は、いかにして日本に広まったのか。

現在、一般に読まれている絵本『スーホの白い馬』（図1）の初版刊行年は一九六七年であるが、一九六一年に福音館書店発行の月刊絵本『こどものとも』一〇月号として刊行された『スーホのしろいうま』が初出である（図2）。ただし、この『スーホのしろいうま』には馬頭琴が「こと」（琴）と書かれている。

教科書の場合、一九六五年度版（一九六五年～一九六七年）と一九六八年度版（一九六八年～一九七〇年）、一九七一年度版（一九七一年～一九七三年）には「白い馬」というタイトルで掲載されていたが、一九七四年度版から「スーホの白い馬」のタイトルに変わった。また、教科書の挿絵は一九六八年度版から二〇〇二年度版では赤羽末吉のものが使われていたが、二〇〇五年度版からリー＝リーシアン（李立祥）の絵に変わっている。

2 「スーホの白い馬」の原典は何か

「スーホの白い馬」を日本に初めて紹介したのは児童文学者であり、翻訳家でもある大塚勇三である。しかし、大塚は「スーホの白い馬」を再話する際、出典について明示していない。では、大塚はこの物語をどこから持ってきたのか。この課題から取りかかりたい。絵本『スーホの白い馬』の生みの親の一人でもある、福音館書店の編集長だった松居直は『絵本をみる眼』（日本エディタースクール出版部、一九七八年、二〇〇四年新装版）のなかでこのように回想している。

中国をはじめアジア各国の昔話を日本の子どもに紹介しなければと思い始めていたところで、『母の友』に中国の昔話を訳して掲載していた。その訳者が君島久子さんであり、大塚勇三さんであった。私は大塚さんにお願いして、モンゴルの昔話を中国語から訳していただくことにした。絵本にしたいのでと申しあげたように思う。大塚さんが見つけてくださったのは昔話というより伝説に近い「馬頭琴」という話であった。

図1　改訂版絵本『スーホの白い馬』(1967年初版)

図2　月刊絵本『こどものとも』の1961年10月号として刊行された『スーホのしろいうま』

この松居の回想から、大塚は中国語で書かれた「馬頭琴」という物語をもとに「スーホの白い馬」を再話したことがわかる。ちなみに、馬頭琴は中国語で「マートウチン」と読む。

「スーホの白い馬」が日本で初めて公表されたのは、一九六一年である。先に述べた、福音館書店が発行している月刊絵本『こどものとも』の一〇月号として刊行された『スーホのしろいうま』（大塚・赤羽）がそれである。だから、大塚は、少なくとも一九六一年一〇月より前に発行された文献を参考にしたと考えられる。したがって、大塚は次に示す三冊の書物から「馬頭琴」という物語を入手したと推測できる。

●一九五六年四月刊『馬頭琴――内蒙古民間故事』少年児童出版社
●一九五八年七月刊『中国民間故事選』作家出版社
●一九五八年一二月刊『中国民間故事選』人民文学出版社

これらの書物には中国人作家・塞野の「馬頭琴」という同じ物語が掲載されている。ここでは塞野版「馬頭琴」とでも呼んでおこう。一九六一年以前の文献を調べたところ、一九五〇年代のモンゴル語の書物には、塞野版「馬頭琴」と同じ内容の物語はなかった。

私は、二〇一二年五月一七日、大塚に直接電話をかけて、どんな書物を参考にして「スーホの白い馬」を再話したのかと尋ねたところ、本人はほとんど覚えておられなかった。仕方なく「参考にした書物は厚い書物だったか、薄い書物だったか」と確認したところ、「薄くはなかったと思う。普通の本でした」との答えだった。

『馬頭琴――内蒙古民間故事』は全一一話、約五〇頁の子ども向けの挿絵入りの本であり、ほかの二冊は約六〇〇頁の書物である。つまり、大塚は先に示した『中国民間故事選』のいずれかに所収されている「馬頭琴」という物語をもとに「スーホの白い馬」を作ったことが推測できる。この二冊の『中国民間故事選』は出版社が異なるものの内容は完全に同じものである。また、民間故事選と言いながら一九五八年版では、当時の中国共産党の中核人物であった毛沢東《もうたくとう》、朱徳《しゅとく》、彭湃《ほうはい》のエピソードが漢族の故事として掲載されていて、一九八〇年七月の改訂版から周恩来《しゅうおんらい》や賀龍《がりゅう》のエピソードが追加されており、やはり中国共産党のプロパガンダとして編集された書物であることがわかる。

なお、その後も塞野版「馬頭琴」は、内蒙古語言文学歴史研究所文学研究室編の少数民族民間文学叢書として刊行された『蒙古族民間故事選』（上海文芸出版社、一九七九年）などの様々な書物に再録されているが、出版年から考えれば、それらすべてが『馬頭琴――内蒙古民間故事』に掲載された「馬頭琴」の写しであるといってよい。

3　中国の絵本『馬頭琴』

時同じく一九五六年に塞野版「馬頭琴」が、中国で広く読まれていた連環《れんかん》画《が》という絵本（劇画）スタイルで刊行されていて、その翌年に英語版が刊行されている。次に示す二冊である。

- ●一九五六年六月刊『連環画版　馬頭琴』（塞野原著・吉志西改編・顔梅華絵画）、上海人民美術出版社
- ●一九五七年刊 *"THE HORSE HEADED FIDDLE"* ADAPTED BY CHI CHIH HIS, DRAWINGS BY YEN MEI HUA, TRANSLATED BY YU FAN CHIN FOREIGN LANGUAGES PRESS, PEKING

しかし、前にも述べたように大塚は「薄くはなかったと思う。普通の本でした」と答えていることから、この『連環画版　馬頭琴』を参考にした可能性が低くなる。また、大塚は様々な場面で「自ら中国語から日本語に訳した」と話していて、福音館書店の松居直も『絵本をみる眼』のなかで「モンゴルの昔話を中国語から訳していただくことにした」と回想しているので、大塚は英語版“*THE HORSE HEADED FIDDLE*”などを参考にした可能性もかなり低い。

ところで、英語版『馬頭琴』を刊行したFOREIGN LANGUAGES PRESSの中国語名称は「外文出版社」である。この外文出版社が一九七四年に、猛烈な吹雪のなかで人民公社の財産である羊の群れを守ったモンゴル人少女の実話に基づいて描かれた『草原の幼《いとけな》い姉妹』（日本語版）を刊行している。この絵本は、幼い姉妹が猛烈な吹雪のなかで生き残り、しかも人民公社の羊の群れを守ることができたのは、偉大な指導者である毛主席の教えをしっかり守る「毛主席の立派な子ども」だったからだというメッセージを諸外国に向けて宣伝する目的で刊行されたものであり、日本でもある団体が無料で配布していたという話がある。そこで、この外文出版社について少し説明したい。

中国最大の検索サイト「百度《バイドゥ》」によれば、外文出版社は一九四九年一一月に中央人民政府新聞総署国際新聞局が成立した直後から、「外文出版社」という名称で外国語関係の図書を出版していた。一九五二年七月一日に国際新聞局の廃局に伴って正式に成立した、対外的な書籍と定期刊行物の宣伝、外国語版書籍と定期刊行物の編集・翻訳及び出版に専従してきた外国語出版社であるという。主要な業務について「この半世紀あまり、四三種類の言語で二万冊余りの図書を翻訳し、出版してきた。内容としては、中国の指導者の著作、中国の重要な文献、中国の社会、政治、経済、文化など、世界一〇〇以上の国や地域での刊行物は四億冊にのぼる」としている。また同サイトには「中央一級出版社専門分野及びその指導に関する規定」が掲載されており、そのなかで同出版社は、国家の対外宣伝に関する外国語の書物を統一的に出版する機構であると位置づけられている。このことから、外文出版社は中国官製の対外宣伝出版社であることがわかる。

4　大塚勇三版以外の翻訳

ところで、『スーホのしろいうま』が刊行される前に塞野版「馬頭琴」が日本語に翻訳されている。一つは、一九五九年刊行の世界児童文学全集12『中国童話集』（あかね書房）であり、そこに「馬頭琴」という物語が所収されている。もう一つは、一九五三年六月に同じく外文出版社によって北京で創刊された月刊誌『人民中国』（日本語版）の一九五九年一月号（新年特大号）に掲載されている「民話　馬頭琴の話」（整理・塞野、え・虹霖）である。

ただし大塚がこれらの翻訳を参考にした可能性も極めて低い。というのは、大塚は私との電話のなかで「自ら中国語から日本語に訳した」と答えていて、また『中国童話集』では主人公の名前を「スホ」、『人民中国』では「民話　馬頭琴の話」というタイトルで掲載されている上、主人公の名前は「スーホ」ではなく「スヘ」、「馬頭琴」のことを「ばとうきん」ではなく中国語の音読みで「マートウチン」にしているからだ。

なお、一九五〇年代後半に『連環画版　馬頭琴』が英語以外にフランス語、朝鮮語、インドネシア語、ヒンディー語に翻訳されたそうだが、語学能力の限界からすべてを確認することができなかった。近年、馬頭琴の起源にまつわる物語がフランス語、トルコ語といった複数の外国語に翻訳され、絵本になっているが、著者が確認したところ、それらは塞野版「馬頭琴」の翻訳ではなかった。

5 『スーホのしろいうま』がリニューアルされた理由

現在一般に読まれている絵本『スーホの白い馬』（福音館書店）の初版は一九六七年である。このことから『スーホの白い馬』という物語は一九六七年に日本で初めて公表されたと誤解している人が多いが、先に述べたように、一九六一年に月刊絵本『こどものとも』として刊行された『スーホのしろいうま』が初出である。

『スーホの白い馬』は、この『スーホのしろいうま』を改定して単行本にしたものである。『スーホのしろいうま』は、『スーホの白い馬』に比べると、表紙を入れて一〇場面の小さめ（一九×二六センチ）の絵本である。また、これには馬頭琴という楽器の名は登場していない。それについてその跋文《ばつぶん》には「原話は馬頭琴（馬頭のかざりのある胡弓のような楽器）の由来話になっていますが、読者対象を考えて、その部分をはぶきました」と説明されている。また例えば、『スーホの白い馬』では、「スーホは、としとったおばあさんと、ふたりきりでくらしていました」とあるが、『スーホのしろいうま』では、「スーホは、としとったおかあさんといっしょにくらしていました」となっている。あるいは『スーホの白い馬』では、スーホのことを「少年」としているが、『スーホのしろいうま』では「こども」としている。

この『スーホのしろいうま』について、その絵を描いた赤羽末吉は『絵本よもやま話』（偕成社、一九七九年）のなかで、一ヶ月という短い制作期間で、自分の出来がひどくまずくて気になったと回想している。しかし、話の内容がよかったので読者から再版を促す投稿があった上、赤羽に絵の依頼をした福音館書店の松居も『絵本をみる眼』のなかで「出来上がりは当時としては悪くなかったものの、用紙、印刷とも赤羽さんの絵を生かすことができず、不満であった」ので、描き足して出版することとなったという。それで一九六七年に二三場面の横長で大型（二二×三〇センチ）の絵本として出版されたのだ。

6　塞野版「馬頭琴」と「スーホの白い馬」の相違点

ここで、塞野版「馬頭琴」と、「スーホの白い馬」の相違点を明示しておこう。

『馬頭琴――内蒙古民間故事』に所収されている「馬頭琴」と、『こくご（二・下）』（二〇二〇年度版）に掲載されている「スーホの白い馬」を、物語の流れに沿って比較したのが

33ページの**表1**である。中国語の「牧童」や「牧民」を「ひつじかい（羊飼い）」、「親人」（親戚）を「兄弟」、「王爺《ワンイエ》」（第二章を参照のこと）を「とのさま（殿様）」とした翻訳上の細かな違いを別として示したその違いは、大きく次の五点にまとめることができる。

第一に、物語の舞台設定である。「スーホの白い馬」は舞台の設定を日本人読者向けにわかりやすくアレンジしている。例えば、「馬頭琴」の冒頭には、「馬頭琴はチャハル草原の小さな牧童のスーホ（蘇和）によって初めて作られた」というように、いきなり「チャハル草原」という具体的な地名が出てくる。この「馬頭琴」という物語は、内モンゴル人や中国人を読者として想定していたがゆえに、「チャハル草原」という地名があげられていると思われる。一方、「スーホの白い馬」（教科書版）では、「中国の北の方、モンゴルには、広い草原が広がっています。そこにすむ人たちは、むかしから、ひつじや牛や馬などをかって、くらしていました」というように、モンゴルの位置や生活スタイルを紹介した上で、「このモンゴルに、馬頭琴というがっきがあります」と読者を誘導している。日本の子どもたちにいきなりモンゴルのことや馬頭琴のことを話してもわからないので、大塚が意図的に詳しく述べたものだと思われる。また、「馬頭琴」では、馬の長距離競走が開かれる場所は「喇嘛廟《ラマびょう》」（チベット仏教寺院）となっているが、「スーホの白い馬」では、「町」になっている。なお、モンゴルの馬の長距離競走と日本の競馬は大きく異なる。モンゴルにおける馬の長距離競走のコースは、一般的に二、三〇キロであり、乗り手が体重の軽い子どもであることが多い。また、競馬場内ではなく、大自然のなかで競争するが、マラソン大会のようにゴール地点が大会の会場であったりする。それに馬の品種も大きく異なるので、本書ではあえて「馬の長距離競走」とする。

第二に、スーホの年齢、家族構成や身分である。「馬頭琴」では、スーホの年齢は「一七歳」だが、「スーホの白い馬」では「少年」になっている。家族構成は、「スーホは年とったおばあさんに育てられた」となっているが、「スーホの白い馬」では、「スーホは、年とったおばあさんとふたりきりで、くらしていました」と少しアレンジしている。また「馬頭琴」では、「二人はわずか二〇頭あまりの羊を頼って暮らしている」となっているが、「スーホの白い馬」では、「スーホという、まずしいひつじかいの少年」としている。これは、「わずか二〇頭あまりの羊」の意訳だと思われる。モンゴル放牧文化について知識がない日本人には少しわかりにくいことであるが、モンゴルでは、二〇頭あまりの羊は、数として「わずか」であり、当時わずか二〇頭あまりの羊しか飼っていない家は実際

スーホの白い馬（教科書）
中国の北の方、モンゴルには、広い草原が広がっています。そこにすむ人たちは、むかしから、ひつじや牛や馬などをかって、くらしていました。 このモンゴルに、馬頭琴というがっきがあります。がっきのいちばん上が、馬の頭の形をしているので、馬頭琴というのです。いったい、どうして、こういうがっきができたのでしょう。 それには、こんな話があるのです。
スーホは、年とったおばあさんとふたりきりで、くらしていました。
スーホという、まずしいひつじかいの少年がいました。
少年
スーホは、おとなにまけないくらい、よくはたらきました。毎朝、早くおきると、スーホは、おばあさんをたすけて、ごはんのしたくをします。それから、二十頭あまりのひつじをおって、広い広い草原に出ていきました。
スーホは、とても歌がうまく、ほかのひつじかいたちにたのまれて、よく歌を歌いました。スーホのうつくしい歌声は、草原をこえ、遠くまでひびいていくのでした。
よくやってくれたね、白馬。本当にありがとう。これから先、どんなときでも、ぼくはおまえといっしょだよ。
町
それでも、白馬をとられたかなしみは、どうしてもきえません。
家来たちは、いっせいにおいかけました。けれども、白馬にはとてもおいつけません。家来たちは、弓を引きしぼり、いっせいに矢をはなちました。
わたしのほねやかわや、すじや毛をつかって、がっきを作ってください。
白馬が教えてくれたとおりに、ほねやかわや、すじや毛を、むちゅうで組み立てていきました。 がっきはできあがりました。これが馬頭琴です。
スーホは、どこへ行くときも、この馬頭琴をもっていきました。それをひくたびに、スーホは、白馬をころされたくやしさや、白馬にのって草原をかけ回った楽しさを思い出しました。
やがて、スーホの作り出した馬頭琴は、広いモンゴルの草原中に広まりました。そして、ひつじかいたちは、夕方になると、よりあつまって、そのうつくしい音に耳をすまし、一日のつかれをわすれるのでした。

表1　塞野（中国語）版「馬頭琴」と「スーホの白い馬」の相違点

No	場面	馬頭琴
1	物語のはじまり（舞台の設定）	馬頭琴はチャハル草原の小さな牧童のスーホ（蘇和）によって初めて作られたと言われている。
2	スーホの家族構成	スーホは年とったおばあさんに育てられた。
3	スーホの身分	二人はわずか二〇頭あまりの羊を頼って暮らしている。
	スーホの年齢	一七歳
4	スーホの働きぶり	スーホは毎日、羊の放牧にで出かける。朝晩、おばあさんを助けてご飯のしたくをする。一七歳になったスーホは完全に大人のようにみえる。
5	スーホの特技	スーホはとても歌がうまく、近隣の牧畜民は彼の歌を聞くのが大好きだった。
6	スーホが狼から羊を守った白馬に話しかける場面	「白い馬よ！もし君がいなかったら……」それからというもの、スーホと白馬はまるで仲のいい友人のように片時も離れなかった。
7	競馬が開かれる場所	喇嘛廟（チベット仏教寺院）
8	白馬を奪われたスーホの気持ち	――――
9	白馬が弓矢で射たれる場面	射手たちが放った矢はまるで暴風雨のように白馬に向かって飛んだ。
10	夢のなかで白馬が語る場面	私の筋や骨を使って楽器を作ってください。
11	スーホが馬頭琴を作る場面	白馬が教えてくれたとおりに骨や筋や尻尾を使って楽器を作った。
12	馬頭琴が出来上がった後	馬頭琴を弾くたびに、スーホのなかに王爺への憎しみがよみがえる。
13	未来への展開	やがて、馬頭琴は草原の牧畜民をなぐさめる楽器となった。牧畜民たちはその美しい音色に耳を澄まし、一日の疲れを忘れるのだった。

＊ルビは省いた。

貧しい家庭であると言ってよい。ちなみに、誤解している読者がいるかもしれないが、スーホは殿様が支配する地域に住む住民（アルバト=albatu）であるが、殿様の家来ではない。

第三に、スーホの働きぶりと特技である。「馬頭琴」では、「朝晩、おばあさんを助けてご飯のしたくをする」となっているが、「スーホの白い馬」では「毎朝、早くおきると、スーホは、おばあさんをたすけて、ごはんのしたくをします」となっている。あるいは、「馬頭琴」では「一七歳になったスーホは完全に大人のようにみえる」とあるが、「スーホの白い馬」では「スーホは、おとなにまけないくらい、よくはたらきました」と意味が大きく違っている。これはおそらく大塚によるアレンジだと思われるが、ある小学生に「モンゴルでは子どもが大人にまけないくらい働いていいの？」と質問されたことがある。モンゴル草原における放牧の仕事と、いわゆる都市社会における工場労働は大きく異なる。モンゴル草原では、子どもたちはよく遊びがてら羊の放牧をしたりする。

また、両者ともスーホの特技は歌としているが、「スーホの白い馬」ではモンゴル草原の広大さを表すためか、「スーホのうつくしい歌声は、草原をこえ、遠くまでひびいていくのでした」となっている。これについてもある子どもに「山でヤッホーと叫ぶと声が返ってくるのと同じですか」と質問されたことがある。実は、大草原では大声で叫んでも、あまりにも広いので音が消えてしまうのだ。

第三に、文体である。教科書に掲載されている「スーホの白い馬」は小学二年生を対象にした作品であるがゆえに、「馬頭琴」に比べて起承転結をはっきりさせるような簡潔かつ冷静な、わかりやすい文体になっているため、読み手は一定のリズムに乗って読むことができる。また、ところどころに説明文的な表現を入れている。例えば、「馬頭琴」では、「射手たちが放った矢はまるで暴風雨のように白馬に向かって飛んだ」となっているが、「スーホの白い馬」では、「家来たちは、いっせいにおいかけました。けれども、白馬にはとてもおいつけません。家来たちは、弓を引きしぼり、いっせいに矢をはなちました」というように、いきなり白馬に向けて矢を放ったのではなく、白馬に追いつけなかったので、仕方なく矢を放ったという意味の一文を入れている。また、物語の展開を考えて、例えば、先ほどの「スーホのうつくしい歌声は、草原をこえ、遠くまでひびいていくのでした」や「これから先、どんなときでも、ぼくはおまえといっしょだよ」というような表現で伏線を張っている。この伏線が、のちの殿様に白馬を奪われたスーホの「それでも、白馬をとられたかなしみは、どうしてもきえません」という悲嘆や白馬の死と対照しており、それが物語の展開をより豊かにしている。一方、塞野版「馬頭琴」は、単に物語のあらすじをまとめたかのような文体になっている。

第四に、大塚はモンゴル草原で見聞きしたことを付け加える形で翻訳している。例えば、「馬頭琴」では、白馬が夢のなかでスーホに馬頭琴の作り方を教える際、「私の筋や骨を使って楽器を作ってください」と語るのに対し、「スーホの白い馬」では、「わたしのほねやかわや、すじや毛を使って、がっきを作ってください」となっており、「皮」と「毛」が追加されている。また、「馬頭琴」では、スーホが馬頭琴を製作した際に用いた馬の部分は「骨や、筋や、尻尾」としているが、「スーホの白い馬」では前と同じく「ほねやかわや、すじや毛を、むちゅうで組み立てていきました」というように変わっている。ちなみに、「毛」は「馬頭琴」にある「尻尾」という表現の方が正しい。

福音館書店が発行している雑誌『母の友』（二〇一一年一月号）の連載「絵本作家の書斎（Ⅳ）」に大塚（勇三）へのインタビューが掲載されている。それによれば、大塚は「一九二一年、満洲の安東（現・丹東）で生まれ、教育に携わっていた父の転勤に伴い、満洲を転々とした後、昭和の初めに東京に帰ってきた」という。つまり、「スーホの白い馬」に、馬頭琴を製作する際に用いる馬の部分として、「皮」と「毛」が追加されたことから、満洲生まれの大塚が、塞野版「馬頭琴」をそのまま翻訳したのではなく、「満洲を転々と」するなかで見聞きしたことを付け加えていることが見受けられる。当時、内モンゴルの東北三県は満洲国に編入されていたが、日本軍は、この三県を足場にして、自分たちの影響力をほぼ内モンゴル全土に拡大させていただけではなく、モンゴル人に対して親日教育も行っていた。

第五に、物語の結末である。「馬頭琴」は「馬頭琴を弾くたびに、スーホのなかに王爺への憎しみがよみがえる」といった闘争性を帯びさせるような終わり方をしているが、「スーホの白い馬」は、「スーホは、どこへ行くときも、この馬頭琴をもっていきました。それをひくたびに、スーホは、白馬をころされたくやしさや、白馬にのって草原をかけ回った楽しさを思い出しました」というように、日本人らしいおだやかな表現でややハッピーエンドに変えている。

7　「スーホの白い馬」の教科書版と絵本版の表現の違い

著者が確認したところ、月刊絵本『こどものとも』として刊行された『スーホのしろいうま』と、『しょうがくしんこくご（二・下）』に掲載されている「白い馬」（一九六五〜一九七四）は同じ文体である。このことから、教科書に掲載された「白い馬」は、『スーホのしろいうま』をもとに作成されたものであることがわかる。ただし、教科書の場合、タイトルが「スーホの白い馬」に変更されたのは一九七四年度版からである（表2・P40〜41）。

そして、絵本版『スーホの白い馬』（一九六七年・第一刷〜二〇二〇年・第一四一刷）と、教科書版「スーホの白い馬」（一九七七年度版〜二〇二〇年度版）はほぼ同じ内容であるが、細かな表現の違いもみられる。ここでその違いをみてみたい（表3・P42〜45）。

第一に、教科書版は、対象学年が小学二年生であるということを踏まえて、先述のようにできるだけ簡潔かつ冷静、わかりやすい表現を心がけている。例えば、日本の子どもたちには羊などを飼うことが生計のためであることが理解しにくい面があるので、「むかしから、ひつじや牛や馬などをかって、くらしていました」というように短い言葉で端的に表現している。また、絵本では「いやしいひつじかいのくせに」となっているが、教科書では「ただのひつじかいが」というように、少々差別的表現を省いている。

第二に、教科書版は、物語の展開を考えて伏線を張っている。例えば、「これから先、どんなときでも、ぼくはおまえといっしょだよ」という一文を加えている。つまり、この文があるために、必死で馬を取り戻そうとするスーホの努力があるし、馬が亡くなった後、その亡骸《なきがら》で楽器を作るということに繋がっていくのである。また、先述の「家来たちは、いっせいにおいかけました。けれども白馬にはとてもおいつけません」という一文を加えたことで、仕方なく矢を放ったという意味合いを込めていると考えられる。絵本では、赤羽の臨場感が溢れる絵が、この伏線の役割を果たしている。

第三に、学年ごとに学ぶ漢字を定めているので、教科書ではそれをきちんと使用している上、口語的（話し言葉）すぎる表現は省かれている。一方、絵本版は総ルビである。また、絵本版はやや長い文体になっており、その場の臨場感を出すために感情の高まりを感じさせるような口語的表現になっている。

第四に、句読点の使い方により、教科書では比較的、冷静な描写になっている。一方、絵本では、緊迫した場面などではかなり感情的に、その場の雰囲気を出している。例えば、教科書版では「みんながそばにかけよってみると、それは、生まれたばかりの、小さな白い馬でした」となっているが、絵本版では「みんなが、そばにかけよってみると、それは生まれたばかりの、小さな白い馬でした」となっている。また、教科書版では「白馬、ぼくの白馬、しなないでおくれ」となっているが、絵本版では「白馬、ぼくの白馬。死なないでくれ！」となっている。

年度）

	教材名	内容	作者	挿絵作者	カテゴリー	本文頁（教科書）	サイズ	絵本との内容の相違
	白い馬	同一内容	なし	なし	モンゴルのみんわ	94-106（112）	A5	月刊絵本『こどものとも』1961年10月号として刊行された『スーホのしろいうま』とほぼ同じ内容（1974年度版ではタイトルだけが変わっている）
						94-106（112）		
					モンゴルのみん話	100-112（120）		
	スーホの白い馬		おおつかゆうぞうやく			100-112（120）		
		同一内容	おおつかゆうぞう		なし	94-112（120）		福音館書店から発行されている絵本『スーホの白い馬』（1967年初版）と一部の表現の違いを除き、ほぼ同じ内容
				あかばすえきち		92-110（120）		
						92-110（120）		
						54-72（124）		
						54-72（124）		
			おおつかゆうぞう作			68-81（92）	B5	
						68-81（92）		
						28-41（96）		
				リー＝リーシアン絵		66-79（96）		
						68-82（100）		
						92-1067（144）		
						98-113（148）		
						107-123（164）		

表2　教科書における「スーホの白い馬」の変遷（1965（昭和40）年度～2

年度	使用年	学年	教科書著作者	教科書愛称	単元名
1965（昭和40）年度版	1965～1967	しょうがくしんこくご二年・下	石森延男ほか9名	なし	すすんでいろいろな読みものをよみましょう。
1968（昭和43）年度版	1968～1970		石森延男ほか8名		すすんでいろいろな本を読みましょう。
1971（昭和46）年度版	1971～1973		石森延男ほか19名		長いお話をおわりまで読みましょう。
1974（昭和49）年度版	1974～1976		石森延男ほか18名		
1977（昭和52）年度版	1977～1979		石森延男ほか19名		お話のうつりかわりに気をつけて読みましょう。
1980（昭和55）年度版	1980～1982	こくご二・下	石森延男ほか22名	赤とんぼ	はっぴょう会
1983（昭和58）年度版	1983～1985		石森延男ほか22名		
1986（昭和61）年度版	1986～1988		石森延男ほか27名		ようすを思いうかべて
1989（平成元）年度版	1989～1991		石森延男ほか27名		
1992（平成4）年度版	1992～1995		栗原一登ほか27名		紙人形げきをしよう
1996（平成8）年度版	1996～1999		栗原一登ほか25名		
2000（平成12）年度版	2000～2001		宮地裕ほか26名		ようすや気もちを思いうかべて読もう
2002（平成14）年度版	2002～2004		宮地裕ほか27名		本は友だち
2005（平成17）年度版	2005～2010		宮地裕ほか34名		お話を楽しもう（読む）
2011（平成23）年度版	2011～2014		宮地裕ほか41名		読んだお話をしょうかいしよう（読む）
2015（平成27）年度版	2015～2019		甲斐睦朗ほか41名		お話を、そうぞうしながら読もう（読む）
2020（令和2）年度版	2020～		甲斐睦朗ほか43名		読んで、かんじたことをつたえ合おう（読む）

＊光村図書ホームページの「教科書クロニクル」及び過去の教科書を参考に作成

	絵本（福音館書店、2020 年、第 141 刷）
	中国の北のほう、モンゴルには、ひろい草原がひろがり、
	そこに住む人たちは、むかしから、ひつじや、牛や、馬などをかっていました。
	けれど、どうしてこういう、がっきができたのでしょう？
	スーホは、としとったおばあさんと、ふたりきりでくらしていました。
	おばあさんは、心配でたまらなくなりました。
	スーホが、なにか白いものをだきかかえて、走ってきました。
	スーホは、うれしそうにわらいながら、みんなにわけを話しました。
	子馬は、りっぱにそだちました。
	スーホは、この馬が、かわいくてたまりませんでした。
	小さな白馬が、おおかみの前にたちふさがって、ひっしにふせいでいました。
	白馬は、からだじゅう、あせでびっしょりぬれていました。ずいぶん長い間、ひとりで、おおかみとたたかっていたのでしょう。
	スーホは、あせだらけになった白馬のからだをなでながら、きょうだいにいうように話しかけました。
	よくやってくれたね。白馬。ほんとうにありがとう。
	そこでスーホは、大すきな白馬にまたがり、ひろびろとした草原をこえて、けいばのひらかれている町へと、むかいました。
	けいばの場所には、見物の人たちがおおぜい集まっていました。 台の上には、とのさまが、どっかりとこしをおろしていました。
	けいばが、はじまりました。国じゅうから集まった、たくましいわかものたちは、いっせいにかわのむちをふりました。

表3 「スーホの白い馬」の教科書版と絵本版の表現の違い①

No	教科書（2020年度版）
1	中国の北の方、モンゴルには、広い草原が広がっています。
2	そこにすむ人たちは、むかしから、ひつじや牛や馬などをかって、くらしていました。
3	いったい、どうして、こういうがっきができたのでしょう。
4	スーホは、年とったおばあさんとふたりきりで、くらしていました。
5	おばあさんは、しんぱいになってきました。
6	スーホが、何か白いものをだきかかえて、帰ってきました。
7	スーホは、にこにこしながら、みんなにわけを話しました。
8	子馬は、すくすくとそだちました。
9	――――――――
10	わかい白馬が、おおかみの前に立ちふさがって、ひっしにふせいでいました。
11	白馬は、体中あせびっしょりでした。きっと、ずいぶん長い間、おおかみとたたかっていたのでしょう。
12	スーホは、あせまみれになった白馬の体をなでながら、兄弟に言うように話しかけました。
13	よくやってくれたね、白馬。本当にありがとう。これから先、どんなときでも、ぼくはおまえといっしょだよ。
14	そこでスーホは、白馬にまたがり、ひろびろとした草原をこえて、けい馬のひらかれる町へむかいました。
15	――――――――
16	けい馬がはじまりました。たくましいわかものたちは、いっせいにかわのむちをふりました。

＊ルビは省いた。

	絵本（福音館書店、2020年、第141刷）
	ところが、つれてきたわかものを見ると、びんぼうな、ひつじかいではありませんか。
	とのさまは、むすめのむこにする、やくそくなどは、しらんふりしていいました。
	なんだと！　いやしいひつじかいのくせに、このわしにさからうのか。
	とのさまは、白馬をとりあげると、けらいたちをひきつれ、おおいばりで帰っていきました。
	白馬をとられたかなしみは、どうしても、きえませんでした。
	こうなると、馬をみんなに、みせびらかしたくてたまりません。
	そこである日のこと、とのさまは、おきゃくをたくさんよんで、さかもりをひらきました。
	さて、そのさかもりのさいちゅう、とのさまは、いよいよ白馬に乗って、みんなに見せてやることにしました。
	とのさまは、馬にまたがりました。
	けらいたちは、ゆみをひきしぼり、いっせいに、やをはなちました。
	わかい白馬は、ひどいきずをうけながら、走って、走って、走りつづけて、大すきなスーホのところへ、帰ってきたのです。
	スーホは、はをくいしばって、つらいのをこらえながら、馬にささっているやを、ぬきました。
	白馬、ぼくの白馬。死なないでくれ！
	つぎの日、白馬は死んでしまいました。
	そうすれば、わたしはいつまでも、あなたのそばにいられます。あなたを、なぐさめてあげられます。

表3 「スーホの白い馬」の教科書版と絵本版の表現の違い②

No	教科書（2020年度版）
17	ところが、つれてこられた少年を見ると、まずしいみなりのひつじかいではありませんか。
18	とのさまは、むすめのむこにするというやくそくなどは、知らんふりをして言いました。
19	なんだと、ただのひつじかいが、このわしにさからうのか。
20	とのさまは、白馬をとり上げると、家来たちを引きつれて、大いばりで帰っていきました。
21	白馬をとられたかなしみは、どうしてもきえません。
22	もう、白馬をみんなに見せびらかしたくてたまりません。
23	そこで、ある日のこと、とのさまは、おきゃくをたくさんよんで、さかもりをしました。
24	そのさいちゅうに、とのさまは、白馬にのって、みんなに見せてやることにしました。
25	とのさまは、白馬にまたがりました。
26	家来たちは、いっせいにおいかけました。けれども、白馬にはとてもおいつけません。家来たちは、弓を引きしぼり、いっせいに矢をはなちました。
27	白馬は、ひどいきずをうけながら、走って、走って、走りつづけて、大すきなスーホのところへ帰ってきたのです。
28	スーホは、はを食いしばりながら、白馬にささっている矢をぬきました。
29	白馬、ぼくの白馬、しなないでおくれ。
30	そして、つぎの日、白馬は、しんでしまいました。
31	そうすれば、わたしは、いつまでもあなたのそばにいられますから。

＊ルビは省いた。

8 「再話者」から「訳者」、そして「作者」へ

月刊絵本『こどものとも』として刊行された『スーホのしろいうま』では、「大塚勇三やく」とされていたが、現在一般的に読まれている絵本『スーホの白い馬』（一九六七年～二〇二〇年）では、「大塚勇三再話」と（表記）されている。

教科書版では、表2に示したように、一九六五年度版から一九七一年度版までは、作者名が記述されていなかったが、一九七四年度版では「おおつかゆうぞうやく」となっている。そして、一九七七年度版から一九八九年度版までは「おおつかゆうぞう」と記されているのみで、「やく」もしくは「さく」が記されていない。そして、一九九二年度版から現在使用されている二〇二〇年度版までは「おおつかゆうぞう作」となっている（傍点は引用者による）。

では、「スーホの白い馬」における大塚勇三の役割は、再話者なのか、訳者なのか、それとも作者なのか。その答えは『馬頭琴――内蒙古民間故事』に所収されている「馬頭琴」と教科書版「スーホの白い馬」（二〇二〇年度版）を比較した表1にある。

両者には相違点はあるものの物語の流れ、文体や表現はほぼ一致している。すなわち、大塚勇三再話もしくは作というより、大塚は、塞野版「馬頭琴」を翻訳する形で「スーホの白い馬」を作成したのである。その際、大塚は、タイトルを「馬頭琴」から「スーホの白い馬」に変えるなどの工夫をしているが、主人公の名前を、モンゴル語ではなく中国語読みで「スーホ」と表記するミスを犯している。

すなわち、「スーホ」はモンゴル語では「süke」となり、「スフ」という表記がモンゴル語音に一番近い。人の名前の場合は「スヘ」または「スケ」（内モンゴルのオルドス地域の方言）と少し語尾を上げて発音したりすることがあるが、「スーホ」という発音はモンゴル語にはまずない。しかし、大塚は、「スーホ」とした。これは、塞野版「馬頭琴」の主人公が「蘇和」となっていて、戦前、主流だった中国語のウェード式の表記方式で「蘇和」を「suho（スーホ）」と読むからである。一九五〇年代に新しく導入された中国語のピンイン表記では「蘇和」を「suhe（スヘ・スハ）」と表記する。ちなみに、この「蘇和」という漢字は、モンゴル語の「süke」に当てた字で、例えば、アメリカのトランプ前大統領のことを中国語で「川普《チュアンプ》」と表記するのと同じである。

このように、主人公の名前の表記がモンゴル語ではなく、中国語の発音になってしまった原因は、ひとえに大塚のモンゴル語に対する理解不足によるものであろう。これは異なる文化を介在してほかの文化を理解することの危険性を表している。ただし、誤解を招かぬよう、筆者は大塚の功績を否定しているのではないことを付け加えておく。

9 絵本『スーホの白い馬』の誕生

福音館書店の松居は『絵本をみる眼』のなかでこのように回想している。

(『かさじぞう』が終わった後)赤羽さんとは次の作品を何にするかで話し合った。その中で赤羽さんが戦争中、旧満州に住んでおられたことを知った。(中略)モンゴルの話には特に魅かれた。想像もできない広い大草原。周囲を地平線がとりまく空間。遠くを馬が馳けていても全く足音が聞こえないという。音が大きな空間の中に消えてしまうのであろう。

ちょうどその頃、中国をはじめアジア各国の昔話を日本の子どもに紹介しなければならないと思いはじめていたところで、『母の友』に中国の昔話を訳して掲載していた。

赤羽もまた『絵本よもやま話』のなかで次のように回想している。

『かさじぞう』がでて、こんどは何をやりたいかと松居さんに聞かれ、蒙古ものがかきたいと答えた。しかし、適切な資料がえられず、大塚勇三さんのスーホの原稿をみるまで、二年ぐらいかかった。

つまり、赤羽が松居に言った「モンゴルのものがかきたい」という申し入れが、松居の「中国をはじめアジア各国の昔話を日本の子どもたちに紹介したい」との思いと重なり、そこで大塚の原稿が生まれたということになる。その意味では「スーホの白い馬」の生みの親は、再話者の大塚でもなく、福音館書店の松居でもなく、絵本を描いた赤羽であると言えよう。

では、なぜ赤羽はモンゴルについて描きたかったのだろうか。小西正保編『赤羽末吉』（すばる書房、一九七七年）のなかに赤羽の回想がある。

かつて満州に住んでいたころ、ジンギス汗廟の壁画の一部を依頼された私は、風俗研究のために遠く内蒙古にはいった。草原にたってグルリと見回すと、一方は暗雲、一方は晴天、一方はスコールというように天候の変化が一望に見わたせるような（中略）雄大なスケールの蒙古に感激した。はるかかなたに黒い犬が一ぴきあるいている。同行の人たちとあの犬は向うへゆくのか、こっちへくるのかが問題になった。黒い犬はユラユラとかげろうのようにゆらぐだけだ。しばらくやり合ったが結局わからなかった。大きな天地だ。

私はいつか蒙古を舞台にした大作をかきたいと思い、少しおおげさにいえば命がけで、禁じられていたスケッチや写真資料をひそかにもちかえった。

後年、絵本をかくようになって、日本の子どもに蒙古をみせたい、私の感激をわかちたいという気になった。あらゆることにすぐれている日本人にたった一つ欠けたものは、スケールだと思うが、こんな天地のあることを日本の子どもに知ってほしかった。私は福音館の松居さんに相談した。松居さんはすぐのってくれた。しかし、なかなか話のよいのがえられなかった。何度か検討するうちに、ついに大塚勇三さんの蒙古民話「馬頭琴物語」の原稿が生まれた。

また、『絵本よもやま話』に、赤羽が月刊絵本『こどものとも』として出版された『スーホのしろいうま』を、『スーホの白い馬』として再版する際の出来事について次のように記されている。

出版社の営業から、横長でなく、普通の縦長にしてもらえぬか。横長だと製本代が、六、七十円ちがう。縦長でも、横の広さも、空の高さもでるではないか——と言われた。営業としてはもっともな発言だと思う。

しかし、この地平線を強調し、蒙古の広さをださねば、この本の意味がない。ぜったいシネマスコープでなければだめだ、とつっぱった。

赤羽のこれらの回想からは、島国の日本と大きく異なる、モンゴル草原の壮大な風景やそこに暮らす人々の生活を描写することによって、子どもたちの想像力を膨らませ、異文化への関心を促すことが赤羽を含め、この物語を日本に伝えた人々の願いであったことが窺《うかが》える。同時に赤羽の回想にある「あらゆることにすぐれている日本人にたった一つ欠けたものであるスケール」への赤羽の挑戦でもあろう。

実際、塞野版「馬頭琴」と違って、日本で読まれている「スーホの白い馬」には、モンゴル草原の広大さを想起させる場面が多くみられる。例えば、「モンゴルには、ひろい草原がひろがり」「二十頭あまりの羊をおって、ひろいひろい草原に出ていきました」「スーホのうつくしいうた声は草原をこえ、遠くまでひびいていくのでした」「スーホは、大すきな白馬にまたがり、ひろびろとした草原をこえて、けいばのひらかれている町へと、むかいました」。これらの表現からも「スーホの白い馬」の制作者たちの広大なモンゴル草原への憧れがみられる。

換言すれば、満洲国で成吉思汗《チンギスハン》廟が建設されなかったら、絵本『スーホの白い馬』は生まれなかったであろう。生まれたとしても大塚と赤羽両氏のもののような優れた作品にはならなかったであろう。その意味において「スーホの白い馬」は日本人のモンゴル草原への憧れの産物であり、その歴史の産物である。だからこそ、「スーホの白い馬」をもう一度読み直す必要がある。

10　成吉思汗廟《チンギスハンびょう》の壁画制作にかかわった赤羽末吉

絵本『スーホの白い馬』の制作者の一人である赤羽末吉は、かつて内モンゴルで成吉思汗廟の壁画制作にかかわり、その時のスケッチや記憶を活かして絵本『スーホの白い馬』を描いたことは世間一般に広く知られている。

では、なぜ日本人の赤羽が、日本から遠く離れているモンゴル草原に赴《おもむ》き、成吉思汗廟の壁画の制作にかかわることになったのだろうか。赤羽は『絵本よもやま話』のなかで、このことについて簡単に触れている。

私は戦前、満州（中国東北地区）にいた。（中略）

一九四三（昭和十八）年というと、終戦の二年前だが、満州の蒙古民族のいる地区に、成吉思汗廟《チンギスハンびょう》（寺）ができることになった。その寺の本堂わきの廊下に、「蒙古黄金史」ともいうべき十枚の壁画を飾ることになった。それを五人の画家が依嘱《いしょく》されて、その取材に遠く内蒙古に旅した。

この記述から赤羽がかかわった成吉思汗廟の壁画制作に関するある程度の情報がわかる。ここでいう「蒙古黄金史」とは、一七世紀後半に書かれたモンゴルの歴史的書物のことである。

成吉思汗廟は現在の内モンゴル東北地方のウランホト市に位置する。旧満洲国の領内であり、当時はウランホトではなく王爺廟《ワンインスム》（王爺廟《おうや》）と呼ばれていた。一九四二年五月五日に地鎮祭を行い、一九四四年の夏に建設が終わり、その一〇月八日から一〇日にかけて建設を祝う落成式が行われた。成吉思汗廟はダゴール族の画家・ナイララトと今村三郎という日本人が共同で設計したとされているが、明治神宮外苑の聖徳記念絵画館の設計を模倣した建築であるという指摘も多い。

楊海英《ようえいかい》『墓標なき草原』（上・下、岩波書店、二〇〇九年）によれば、一九四三年、満洲国のモンゴル人たちは王爺廟に民族の祖先を祀《まつ》る成吉思汗廟を建てることになった。その際、成吉思汗廟の建設委員会の会長だったマニバダラーは、代表団を率いて内モンゴル中部に位置するシリンゴル盟《アイムグ》（盟は清朝時代から続いているモンゴルの行政区画の名称。一つの盟は複数の旗《ホショー》からなり、一つの旗は複数の蘇木《ソム》からなる）にやってきて、徳王ことデムチュクドンロブ王（一九〇二年〜一九六六年）の意見を聞いた。当時、マニバダラーらモンゴル人は成吉思汗廟が日本の神社のような建物にならないように工夫し、抵抗していたという。このことから、成吉思汗廟の建設主権は日本側が握っていたことがわかる。

徳王は日本では知る人ぞ知る人物であり、内モンゴルにおける民族自決運動の指導者であるとともに親日派としても有名である。満洲国時代、日本に協力し、多くのモンゴル人の青年を日本に留学させるなど様々な面で日本と繋がっていた（図3）。中国では日本の「傀儡《かいらい》」として扱われることが多いが、彼が「モンゴル」を限りなく愛した人物であることは間違いない。

図3　内モンゴルのラストエンペラーとも言える徳王ことデムチュクドンロブ王。徳王は晩年まで辮髪《べんぱつ》に民族衣装といったスタイルに固執し、成吉思汗のバッジを肌身離さずつけていた

【コラム1】「チンギス・ハーン」の由来

チンギス・ハーンのことを日本語では、「チンギス・ハーン」「チンギス汗」「ジンギスカン」または「チンギス・カン」と表記しているが、モンゴルでは「チンギス・ハーン」と称する。「チンギス」は一二〇六年に成吉思汗として即位された時の尊称であり、その意味は未だに解明されていない。即位の朝、一羽の鳥が幕舎の前で「チンギス・チンギス」と鳴いたことに由来する説や、モンゴル語で「海洋」を意味する「テンギズ」を語源とするなどのいくつかの説がある。「ハーン」は皇帝を意味する。現代モンゴル語では「ハガン」と綴《つづ》るが、中世のモンゴル語では「カアン」と綴っていた。ちなみに、モンゴルにはジンギスカンという料理はない。

11　モンゴル人にとっての成吉思汗廟建設の意義

当時、内モンゴルの東部が満洲国に編入されていて、中西部ではデムチュクドンロブ王を中心とするモンゴル人が国民党政権に「高度の自治」を求めており、西端は国民党軍閥《ぐんばつ》

（軍事勢力）の支配圏にあるなど、内モンゴルは分裂した状態であったため、成吉思汗廟を建設することは、モンゴル人の共通の願いだった。つまり、成吉思汗を神格化することによって、モンゴル人が団結することができるからである。というのも、モンゴル帝国が崩壊して以来、モンゴル人は共通の精神的な支柱を失っていたのだ。この意味において、民族自決を目指すモンゴル人にとって成吉思汗廟の建設の意味は大きかった。

満洲国時代、モンゴル人青年たちによって発行された雑誌『イフ・フフ・トグ（大青旗）』に成吉思汗廟の建設を祝う落成式の様子について「この地域にこれまでになかった大集会となり、計五万人が集まった。遥か遠くのウジムチン、ケシクテン、フルンボイル草原から馬車や牛車で一ヶ月かけて参拝しにきた人もいた。町に入りきれなかった参拝者たちのゲルやテントが草原一帯に広がり、集落のようになっていた」と記録している。また、同誌にはモンゴル各地からの代表へのインタビューも掲載されている。そのなかである代表は次のように語っている。

私たちに記念バッジが配られた。その記念バッジには五本の矢と吉雲《ベルゲト・ウール》模様が描かれていた。五本の矢はアラン・ゴア夫人の「五本の矢の教え」を意味している。アラン・ゴア夫人は、子どもたちに、一本の矢は簡単に折られてしまうが、束ねると折れにくくなるということを実際に体験させることによって結束の重要性を説いた。この教えがあるからこそモンゴルは繁栄し、成吉思汗は大帝国をつくることができた。それに、矢には邁進《まいしん》するという意味も込められている。吉雲は言葉通り気運の象徴である。（中略）私はこの記念バッジの意味を重く受け止めている。故郷に戻ったなら真っ先にこの記念バッジの意味をみんなに説く。このバッジも大切に保存する。このバッジほど大切なものは一〇〇年後も現れないだろう。

つまり、成吉思汗廟の建設やその建設を祝う落成式が盛大に行われたのは、各地のモンゴル人にアラン・ゴア夫人の「五本の矢の教え」通り結束することを促す意味があったと言えるのだ。

【コラム2】モンゴルの逸話「五本の矢の教え」

アラン・ゴア夫人とは、成吉思汗の一三代前の先祖にあたるトブン・メルゲンの妻である。アラン・ゴア夫人とトブン・メルゲンの間には二人の子どもがいた。夫のトブン・メルゲンが亡くなった後、未亡人のアラン・ゴアは三人の子を生んだ。天窓から入った黄色い光によって妊娠したとされている。その三人の息子のうちの末子のボドン・チャルの一三世の子孫が成吉思汗である。トブン・メルゲンの実の子と、後から生まれた三人の子の仲が悪かったので、アラン・ゴア夫人は子どもたちに、一本の矢は簡単に折られてしまうが、束ねると折れにくくなるということを実際に体験させることによって結束の重要性を説いた。これがアラン・ゴア夫人の「五本の矢の教え」**（図4）**である。日本では毛利元就の「三本の矢の教え」が有名であるが、子どもや矢の数が異なり、年代的にはモンゴルの方が約二〇〇年古い。

図4　アラン・ゴア夫人の「五本の矢の教え」。モンゴル人なら誰でも知る有名な逸話であり、内モンゴルのモンゴル語で教育を行っている小学二年生用国語教科書『ヘル・ビチッグ（kele bičig=語文）』にも長年にわたって掲載されている。*Kele bičig 2001*より

12　日本にとっての成吉思汗廟建設の意義

一方、日本側にしてもモンゴル人の祖先を大事にしているという実績をアピールし、この廟の建設によって親日のモンゴル人を増やすことができると同時に植民地基盤を一層固めるよい機会となる。

一九三一年に満洲事変が勃発し、関東軍が満洲全土を征服、一九三二年に満洲国をつくった。この満洲国に内モンゴルの東半分が編入されていた（巻頭地図参照）。当時の内モンゴルの政治と経済の中心が東部に位置する王爺廟だったこともあって、事実上、日本の影響力は全内モンゴルに及んでいた。

世界的に著名なドイツ人のモンゴル学者であるワルター・ハイシッヒの『モンゴルの歴史と文化』（岩波文庫、二〇〇〇年）には、当時の日本軍による成吉思汗廟建立の宣伝ポスターが掲載されている（図5）。この図ではかろうじて読める程度だが、ハイシッヒによると、次のような言葉が記されているという。

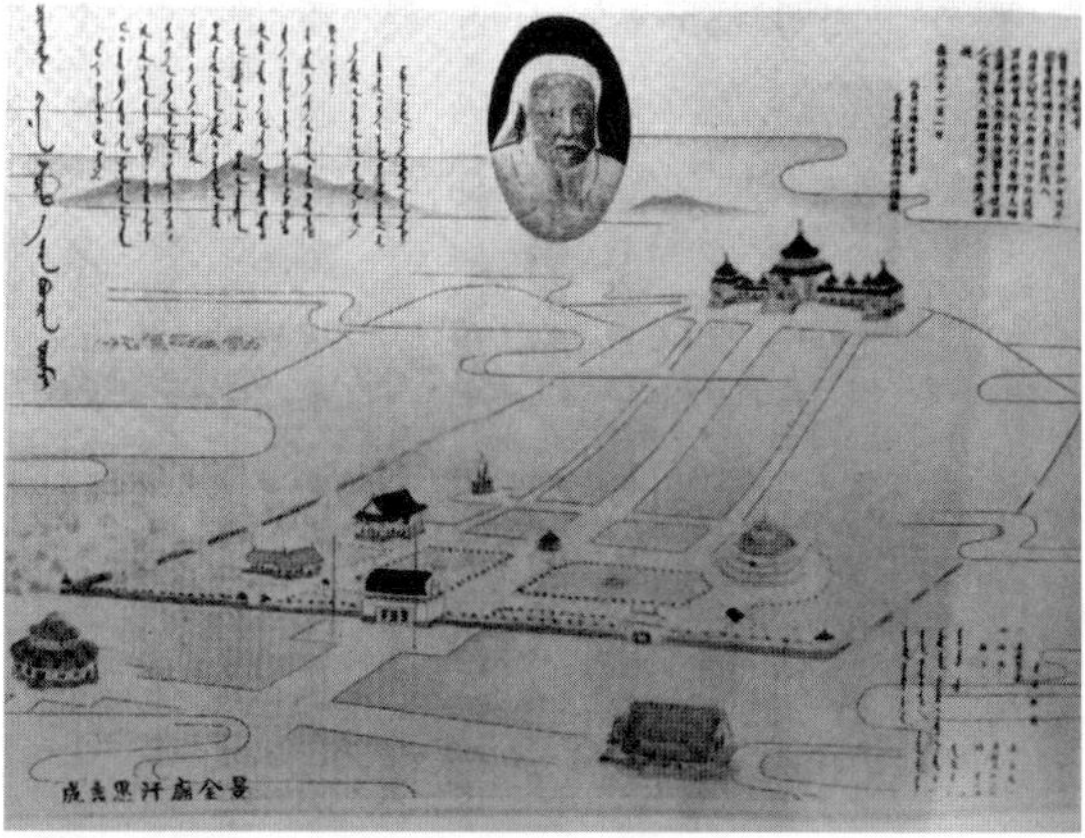

図5　日本軍による成吉思汗廟建立の宣伝ポスター。『モンゴルの歴史と文化』より

図6　成吉思汗廟の建設当時のスケッチ。当初の日本軍による宣伝ポスター（図5）の通りに建てられていることがわかる。雑誌『イフ・フフ・トグ（大青旗）』（1944年11月）より。著者蔵

モンゴル王朝の聖なる族長の守護霊が、かくもあつく崇敬《すうけい》されている、ハーン山にのぞむ王爺廟のこのゆかりの地に大伽藍《がらん》が建立され、以《もっ》てこのことが八紘一宇《はっこういちう》の大東亜建設にとって輝かしい鏡となり、ひいては大東亜の西北にあって永《とこ》しえに堅固なとりでとなるよう冀《こいねが》うものである云々《うんぬん》。

ハイシッヒはまた「日本人は当時、モンゴルに古くから伝わる成吉思汗崇拝の観念を、日本武士道のなごりをとどめる新しい尊崇の思想と結びつけようとした」と指摘している。

このように様々な政治的な目論みのなかで内モンゴル東部にある、当時のモンゴル人の活動拠点だった王爺廟に成吉思汗廟を建設することが決定された。そして、このことをきっかけに赤羽がモンゴル草原を旅することとなり、それがやがて「スーホの白い馬」が誕生する契機ともなったのだ。

13　「スーホの白い馬」ゆかりの地である貝子廟

赤羽は『絵本よもやま話』のなかに続いて次のように記述している。

満州国のはずれ、赤峰《せきほう》という泥の塀、泥の家、泥の道、泥で構成された砂塵《さじん》の町から、関東軍の馬買便《うまかいびん》にのって、そのトラックにしがみついて三日、草原をつっぱしり、興安嶺《こうあんれい》を越えて、ヘトヘトになってついたところが、内蒙古の貝子廟《ベイツミャオ》というところであった。

貝子廟は現在の内モンゴル・シリンホト市の北側に位置するエルデニ丘の麓《ふもと》にある。一七四三年に建設が始まった、全内モンゴルでも名高い歴史ある寺院である。モンゴル語ではベンディ・ディン・ゲゲン・スムという。スムとはモンゴル語で寺院のことである。当時、寺院はその地域の「まつりごと」(政治)を行う役割を果たしていたので、貝子廟は地名として使われることもあった。この貝子廟が発展し、今のシリンホト市になった。

日本では貝子廟という名前で記録されていることが多いことから、ここでも貝子廟という名前を用いる。また、赤峰はモンゴル語のウランハダの中国語訳である。地名はそこに暮らす人々のアイデンティティを礎《いしずえ》とした地域の象徴でもあり、その地域の歴史や文化の集大成である。しかし、当時の日本人は、本来のモンゴル語の地名より、その訳語の中国語の地名を好んで使っていたようだ。同じ漢字圏の地名の方が使いやすかったのかもしれない。

日本の仏教学者・チベット学者の長尾雅人《がじん》は『蒙古喇嘛廟記《もうこらまびょうき》』（高桐書院、一九四七年）で東方文化研究所の研究の一環として、貝子廟を訪れたことを日記形式で記している。それによれば、同氏は一九四三年六月二二日から七月三日まで二週間程度、この寺に滞在し、喇嘛《らま》教（チベット仏教）に関する調査研究を行ったという。また、日本におけるモンゴル研究の第一人者であった磯野富士子も『冬のモンゴル』（中公文庫、一九八六年）のなかに、一九四四年の一一月、夫の法社会学者の磯野誠一と一緒に貝子廟を訪れたことを記している。夫の磯野誠一が貝子廟で仏教関係の研究をしていたという。

ところで、長尾は、貝子廟に滞在していた六月二九日、廟内で赤羽らと会っていた。

六月二十九日。（中略）
午後二時頃、突然数名の客人が入って来た。即《すなわ》ち建国大学の山本守氏以外五名の画家彫刻家である。山本君がウヂムチンへ来る予定のあることはかねて聞いてゐたのであるが、貝子で会はうとは思はず、奇遇を喜ぶ。此《この》一行は特務機関の車により、赤峰より林《りん》西《せい》、林西から貝子廟へ、各一日で飛ばして来たのだといふ。王爺廟に成吉思汗廟を建てる計画はかねてあり、その壁画の材料を考案するのが目的であつて、貝子廟の法会に集る参詣人を写生するとのことである。彼等も大蒙公司の宿舎を引払つて、翌日からは廟内の他の一廊の僧房に移つて来た。（漢字は新字体に改めた。引用者註）

ここには赤羽の名前は出ていないが、一行が成吉思汗廟《チンギス・ハーン》の壁画の材料を考案する目的で赤峰という町から来たことや、その日時などからみて、五人の画家彫刻家の一人が赤羽末吉だったことは間違いないだろう。

このように貝子廟は、当時、日本人の活動拠点だったので、日本における内モンゴルの歴史に関する書物や論著によくその名が登場する。長尾の回想にあるように赤羽もこの寺に滞在し、寺に参拝する人々を写生していた。その意味において貝子廟は「スーホの白い馬」ゆかりの地であったと言えよう。

14 絵本『スーホの白い馬』にみられる貝子廟地域

先にも触れたように、赤羽末吉は一九四三年、成吉思汗廟の壁画制作のために内モンゴル草原を旅した時の写真やスケッチ、その時の印象に基づいて絵本『スーホの白い馬』を描いたとされている。内モンゴル出身者の視点から絵本『スーホの白い馬』をみると、確かに「この場面はこの地域だ」というふうにもみえてくる。ここでは、その特徴的な場面をあげよう。

第一に、民族衣装である。スーホやそのほかの牧畜民《マラチン》（P70ページ「コラム4」を参照のこと）が着ている民族服は、貝子廟を中心としたシリンゴル地域や、その西側に隣接するチャハル地域（のちに合併されてシリンゴル盟になる）の服装である。同じ内モンゴルでも地域によって民族服のデザインが異なる。

貝子廟を中心としたシリンゴル地域やチャハル地域の民族服はあまり装飾がなく、素朴な作りが多い。また、この地域の牧畜民は、日常生活のなかで帽子を被ることなく、頭にはちまきのような細長い布を巻き、片方の結び目を長くたらす習慣があり、寒い冬でもこのような格好をする人もいる。これなら馬に乗って走っても風に吹き飛ばされる心配がないし、汗も拭ける。怪我をした際は、包帯としても使える。結び目を長くたらすのは、ファッションでもあるが、主に汗拭きや虫よけのためで、スーホの服装がまさにそれである。日本における文化人類学のパイオニア的存在である梅棹忠夫は論攷《ろんこう》「回想のモンゴル」（『梅棹忠夫著作集』第2巻所収、中央公論社、一九九〇年）のなかに、一九四四年の夏、チャハル草原にある知人の牧場に滞在している時、はちまきの結び目を長くたらしたバトブエンという格好いい青年と出会ったことを記している。

第二に、スーホが白い馬に乗って馬の長距離競走が開かれる場所に到着する、絵本では第八番目にあたる場面である（図7）。このシーンの背景は、貝子廟とその後ろにあるエルデニ丘の風景（図8）と非常に似ており、赤羽が貝子廟に滞在していた時のスケッチだと考えられる。内モンゴルでは、山や丘の麓に建てられた寺はいくつかあるが、すぐ後ろの丘に天と地を祀《まつ》る石積みの祭壇であるオボが並んでいるのは、この貝子廟のみである。そのオボが、エルデニ丘の上に作られていることから、通常、エルデニ・オボと呼ばれている。

図7　スーホが白い馬に乗って馬の長距離競走が開かれる場所に到着する場面。後ろの丘の上に並んでいるのは樹木ではなく、オボである。オボとは、モンゴル牧畜民特有の天と地を祀る石積みの祭壇のことである。絵本『スーホの白い馬』より

図8　1940年代の貝子廟

内モンゴルにおけるオボ研究の第一人者である、内モンゴル大学モンゴル学学院の准教授N・オルトナストに、この挿画をみてもらったところ、これは間違いなく貝子廟とエルデニ・オボだと言う。現在は高層マンションなどの障害物が多く、同じスポットからの撮影はできないが、現在の貝子廟を向かって左下（南西）から見た風景が、この場面の背景とほぼ同じである。この馬の長距離競走が開かれる場所は、二〇〇〇年頃まで夏祭りの会場として使われていたが、今は市民広場となっている。

第三に、柳の木の枝を編んで作った羊の囲いである。絵本『スーホの白い馬』の冒頭に、馬に乗り羊を追って草原に出て行くスーホや、草の上に洗濯物を干すおばあさんと家が、その家の後ろに牛車と柳の木の枝を編んで作った羊の囲いが描かれている。また、羊を守って狼とたたかう白馬の後ろにも柳の木の枝を編んで作られた羊の囲いが描かれている。絵本では第五番目の場面にあたる。この羊の囲いはゴビ地域独特のものである。

ゴビ地域には柳の木が多く、そこに住む人々は柳の木を用いて住居のゲルをはじめ、羊の囲い、生活の道具まで作ってきた。赤羽らが訪れた貝子廟を中心としたアバガ地域の西北部もゴビ地域に属す。赤羽は成吉思汗廟の壁画制作のために貝子廟を訪れた際、このような羊の囲いを目にしたのであろう。

【コラム3】モンゴルの牧畜民

四季折々、周期的に家畜とともに移動する人々のことを「牧畜民」と呼ぶが、これは学術用語である。モンゴルでは、彼らは自らを「マラチン」と呼び、日本語に直訳すれば、「家畜の民」もしくは「家畜を放牧する民」となるが、「牧畜民」とほぼ同じ意味である。マラチン＝モンゴル人というイメージが定着しているが、内モンゴルでは、移動することなく、ほとんど定住しながら、大自然の牧草で家畜を飼育する人々のことも「マラチン」と呼んでいる。ただし、家畜をただの生産物として扱う業者やそこに働く人々はあてはまらない。

【コラム4】ゴビ＝砂漠ではない！

ゴビ地域はモンゴル語で「ゴビ・ノタグ」と呼ばれる。「ノタグ」はもともと故郷を意味するが、ここでは「地域」という意味で使われている。ゴビ・ノタグとはモンゴル国から内モンゴルにかけて広がる広大な地域を指す。ゴビは、降水量が少なく、ところどころに砂丘が広がり、比較的乾燥してはいるものの、砂丘のなかにオアシスがあり、地下水も豊富で、乾燥に強いハルガナやボラガスといった植物もところどころに茂っており、それを寝床にする野生動物も数多く生息している。サハラ砂漠などのように草がほとんど生育せず、無限の砂丘が広がる地域では決してなく、砂漠地帯は約三割である。ゴビ地域に点在する砂漠を指すなら「ゴビ砂漠」ではなく、「ゴビの砂漠」という方がより正しい。

【コラム5】モンゴルの〝パオ〟とは現地で通じない和製造語

柳の木を骨組みにし、そこに白いフェルトを被せたモンゴルの伝統的な丸い家屋のことをゲルという。モンゴル国でも内モンゴルでも「モンゴル・ゲル」と呼ぶが、略して「ゲル」と称することもある。日本ではパオと呼ばれたりもするが、パオは、モンゴル・ゲルの満洲語訳の発音に基づいて作られた和製造語である。この呼び方は、モンゴル国や内モンゴルどころか、中国でも通じない。

16　「第二満洲国」としての貝子廟地域

一九三一年に満洲事変が勃発し、関東軍が満洲全土に入り、翌年に満洲国を建国させた。それにより内モンゴルの東部が満洲国に編入された。内モンゴル東部はほかの地域に比べると水資源が豊富なので、当時、モンゴル人の大半がそちらに集中していて、内モンゴルの政治経済の中心地として約七〇万人のモンゴル人が生活していた。当時のモンゴル人民共和国の人口は約五四万人で、満洲国内におけるモンゴル人の人口よりも少なかった。こうしたなか、日本は、満洲国の安全を保つために内モンゴルの中西部地域に親日・親満の独立国家を建国させ、ソ連共産主義勢力の東進と南下を食い止める計画のもとで軍事作戦を伴う様々な活動を開始させた。いわゆる「内モンゴル工作」である。

内モンゴル中西部へ影響力を徐々に伸ばしていった彼らが最初に取りかかったのは、ソ連の侵攻企図に関する情報を収集することであり、満洲国建国とほぼ同時期から内モンゴル中西部の喇嘛廟に特務機関を設置し始めた。特務機関とは、俗に言う工作機関である。

赤羽も『月刊絵本』一九七六年一月号「特集　赤羽末吉の絵本」のインタビューのなか

で「ジンギス汗はあれだけ有名なのに廟がないわけだ。そこで廟を建設しようということになり、その壁画を何人かの画家が委嘱され、その一人としてあちら（満洲国。引用者註）の政府から招聘《しょうへい》された。今にして思えば、日本の特務機関かなんかの植民地政策（傍点は引用者）だったのだろうが、こちらは官費で取材旅行ができた」と述べている。

中国語においては「特務」はスパイという意味合いが強く、現地の人々も日本特務機関を「日本のスパイ組織」または「工作機関」という認識をしている。当初、日本人は「特務機関」をモンゴル語で「オンチャガイ・ヤーモン」（特別な部署）と訳していたが、モンゴル人は「トゥージョーゴワン（またはトゥージーゴワン）」と呼んでいた。トゥージョーゴワンは「特務機関」の中国語音のモンゴル人特有の訛《なま》りであり、そこにはやはりスパイ組織という意味が含まれている。いずれにせよ、喇嘛廟は治外法権的な一面を持っていたので、特務機関を設置するのに最適な場所であったようである。

そして、モンゴル人の親日感情を高めるための宣伝及び支援活動を行うことを目的とした「蒙古善隣《ぜんりん》協会」や、特務機関による軍政工作の補助機関としての貿易会社「大蒙公《だいもうこう》司《し》」を次々と作り、やがて役所にも日本人顧問を派遣するなどして内モンゴルを日本の占領下においた。こうして内モンゴル中西部草原で「第二満洲国」が産声を上げた。

「第二満洲国」特務機関の主要任務は、満洲国の安全を保つことと、ソ連軍の侵攻企図に関する情報を収集するためであったことは事実であるが、ほかにも中西部草原のモンゴル人の親日感情を高めるための宣伝及び支援活動を行うこと、同時に反日感情を抱いたり情報を漏らしたりした、あるいはその疑いがある邪魔者を排除したり、共産主義の地下組織を叩く役割もあった。

また、現地での経験を踏まえて植民地政策に関する具体的なアドバイスをすることも仕事の一環だったようで、それまでモンゴル民族について予備知識のあまりなかった日本は、モンゴル民族の生活習慣をはじめ言語、歴史、文化、宗教や地理に至るまで様々な角度から急いで理解する必要に迫られ、それがきっかけで学術界とも深く関係するようになった。戦後、日本においてモンゴル研究が盛んに行われたのはこのためである。今日、様々な解釈がみられるが、今のように純粋な学術研究や旅行でモンゴル草原を訪れる時代ではなかったので、当時、モンゴル草原を訪れた日本人は学者であれ画家であれ、何らかの形で軍とかかわっていたことは紛れもない事実である。

第二章　階級闘争的な中国の創作文学

本章では「スーホの白い馬」の原典である、塞野《セーイエ》版「馬頭琴」がどのように誕生したのか、その政治的・イデオロギー的背景について整理者の塞野の紹介をまじえながら述べる。

また、塞野版「馬頭琴」の原話に関する現地での聞き取り調査に基づいて、そこにみられるモンゴル文化との矛盾点や隠喩を中心に読み解くことによって、塞野版「馬頭琴」が一九五〇年代特有の社会主義的風潮を大きく反映させた「創作」であることを明らかにする。

1　塞野版「馬頭琴」の原話について

「スーホの白い馬」の原典である塞野版「馬頭琴」では、物語の舞台はチャハル草原であるとしている。チャハル草原とは、現在の内モンゴルのシリンゴル盟《アイムグ》とウランチャブ市の一部であり、著者の故郷もこのチャハル草原に属する。

実は「スーホの白い馬」の舞台であるはずのチャハル草原には、「スーホの白い馬」という物語や伝承はない。それはどうしてだろうか。

著者は、二〇〇七年から二〇一四年の間、チャハル草原を中心に塞野版「馬頭琴」の原話について内モンゴルで聞き取り調査を行った。塞野版「馬頭琴」の原話といってもわかる人がいないと思ったので、「あなたの知っている馬頭琴起源伝説を教えてください」と質問した。すると返ってきたのは塞野版「馬頭琴」に近いものばかりだった。そこで、その「馬頭琴」をモンゴル語に訳して話した後、「今の物語とあなたが小さい頃に聞いたものに違いがありますか」という形に質問を変え、次のような回答が得られた。

なお、調査中、多くの人から実名を伏せてほしいという要望があった。政治運動が頻繁に繰り返される中国では、何が起きるかわからないからだという。著者は問題になるようなことを聞いていないし、彼らにもそのような発言はなかったが、彼らの要望を尊重する形で、本書では調査回答者氏名をイニシャルで表記する。

この物語は「スーホの白い馬」ではなく、以前は「白い馬の物語」と「馬頭琴の伝説」という二つのタイトルで語られていた。ただ、この「白い馬の物語」と「馬頭琴の伝説」の内容はほぼ同じだった。地域によってタイトルが違っていただけである。（S氏、男性、一九二四年生まれ、元テレビ局局長。二〇〇九年八月にフフホト市にて聞き取り）

昔は「白い馬の物語」という物語があった。この「白い馬の物語」の内容は、子馬の時に漢人に盗まれ、犂《からすき》（プラウ・農耕具）を引かされた白馬が一〇年後に傷だらけになってモンゴル人の主人のもとに逃げ帰って死んだというものだったと思う。チャハル草原は漢族地域と隣接しているので、モンゴル人の家畜が漢人に盗まれることはよくあったし、今でも同じことが起きている。のちに「白い馬の物語」という物語を馬頭琴という楽器と結びつけて「馬頭琴の伝説」という物語が生まれた。「馬頭琴の伝説」の内容は、大切にしていた白馬が死んでしまい、主人が悲しさのあまり馬頭琴を作ったというもので、馬の死亡理由は確か自然死ではなく、非自然死、病死だったと思う。（H氏、女性、一九三三年生まれ、元新聞社編集長、二〇〇九年三月にフフホト市にて聞き取り）

この回答者の一人がテレビ局の元局長で、もう一人が新聞社の編集長という研鑽《けんさん》を積んだ人物であるから、その回答も信憑《しんぴょう》性が高いとみなせる。二人の答えからは、塞野版「馬頭琴」の原作として考えられるのは、モンゴル民話の「白い馬の物語」及び「馬頭琴の伝説」である。この二つの物語の内容はほぼ同じ話だが、残念なことに、この「白い馬の物語」と「馬頭琴の伝説」を元のまま完全に記憶している人はいなかった。また私が調べた限りでは、モンゴル語の書物には同様な物語はなかった。これは、「白い馬の物語」及び「馬頭琴の伝説」が一般的に口伝として語られていた当時は、書物などに書き留めて記録しておくことが習慣として定着していなかったからであろう。

また、一人目の証言にみられるように、原作には、当時の為政者の横暴さよりも、モンゴル人と漢人（中国人）の間における文化の衝突が鮮明に描かれていたが、その部分が削除されているようである。これは、民族間の対立は中国共産党が掲げる「民族団結の精神」に反するので、塞野版「馬頭琴」では意図的に削除されたと判断できる。

【コラム6】日本で生まれた馬頭琴独奏曲「スーホの白い馬」

近年、内モンゴルの著名な馬頭琴奏者であるチ・ボラグ編曲の「スーホの白い馬」という馬頭琴の独奏曲が日本でよく演奏されているが、この曲も内モンゴルではほとんど知られていない。チ・ボラグ本人の話によると、彼は日本のある小学校で演奏会を開いた時、一人の女子生徒に「『スーホの白い馬』を弾いて」と頼まれたそうだ。彼は仕方なく自分がアレンジしていたモンゴル民謡の「ソーリン・ホンゴル」（生まれる前から親同士の約束によって婚約させられたカップルを意味する）を弾いてあげたそうだ。こうして「スーホの白い馬」という馬頭琴独奏曲が生まれたという。

2　モンゴル国で語られている馬頭琴起源伝説「フフー・ナムジル」

モンゴル国では、馬頭琴起源伝説として「フフー・ナムジル（Huhuu namjil）」という物語が有名で、「スーホの白い馬」について知る人はほとんどいない。

フフー・ナムジルの「フフー」はあだ名であり、鳥のカッコウを意味する。ナムジルは男性の名前である。つまり、「カッコウのような美声の持ち主のナムジル青年」という意味である。

ここでモンゴル国の著名な叙事詩の歌い手であり、映画俳優でもあったナ・ダギーランヅ（N.Dagiiranz）が歌った「フフー・ナムジル」という叙事詩をもとに、そのあらすじをみてみる。ナ・ダギーランヅは一九五七年に、この叙事詩をモンゴル青年学生コンクールで馬頭琴を弾きながら初めて語って優勝し、それからこの物語がモンゴル国で広く知られるようになったという。


昔、モンゴル草原にフフー・ナムジルという歌声も容姿も美しい青年が年老いた母親と一緒に暮らしていた。

ある年、フフー・ナムジルは兵役のため故郷を離れた。国境警備隊に入隊したフフー・ナムジルは、険しい山々を巡回するなか、一人の女性と恋に落ちた。なんとその相手は天女だった。二人は相思相愛の仲となった。

月日が経つのは早く、あっという間に兵役が終わり、フフー・ナムジルも故郷に帰ることとなった。天女がフフー・ナムジルに残るよう説得したが、彼は年老いた母親のためにも帰らなければならなかった。事情を知った天女はフフー・ナムジルにジョノン・ハルという黒い駿馬《しゅんめ》を贈る。

このジョノン・ハルは走るのがとても速く、時には鳥のように飛ぶこともできる翼のある不思議な馬だった。そのおかげで二人は毎日のように会うことができた。

フフー・ナムジルの地元では、彼に一方的に恋心を抱く女性がいた。彼女はフフー・ナムジルが夜になったら出かけ、朝日が昇る前に帰っていることを知った。そのうちにフフー・ナムジルが恋人のところに行っていることを知っただけではなく、ジョノン・ハルは翼のある不思議な馬であることも突き止めた。すべてを知ってしまった彼女は嫉《しっ》妬《と》のあまり、ジョノン・ハルの翼を切り取ってしまい、そのせいでジョノン・ハルは死んでしまう。

最愛の馬を死なせ、愛する人にも会えなくなったフフー・ナムジルは悲しみにくれる毎日を送った。ある日、フフー・ナムジルはジョノン・ハル恋しさのあまり、木材でジョノン・ハルの頭を彫刻し、それを棒の先に繋ぎ、共鳴箱にジョノン・ハルの皮（革）

を張り、尾毛を弦《げん》にして弾いた。これが最初の馬頭琴である。

馬頭琴起源伝説ではないが、この「フフー・ナムジル」に似たような話は内モンゴルにもある。シリンゴル地域で語られている、サンボーという男性が主人公の「アル・フブチイン・オナガ（北の森林地帯の子馬）」や、ヤンジンドルマーという女性が主人公の「アルタン・トゴス（金色の孔雀）」などである。これらに共通してみられるのは、主人公が翼のある不思議な馬に乗って登場することと、男女の恋物語という点である。

3　白い馬は射殺されたのではなかった

二人目の証言者が「確か自然死ではなく、非自然死、病死だったと思う」と答えているように、著者が行った聞き取り調査では白い馬の死に方に疑問を投げかけている人が多かった。例えば、もう一人の牧畜民《マラチン》は次のように答えている。

馬が死ぬところが違う。モンゴル人は馬に対して特別な感情を抱いている民族なので、どんなに悪人でも馬を弓矢で殺すことはない。特に自分の好きな、しかもそんな立派な馬を殺すことはあり得ない。私が小さい頃には、「白い馬の物語」という物語があった。漢人のところに売られた白馬が主人のもとに逃げ帰って死んだというものだったと思う。（D氏、男性、一九四三年生まれ、牧畜民。二〇一一年八月にシリンゴル盟にて聞き取り）

もう一人、厩務員《きゅうむ》の男性が次のように指摘をしている。少し長くなるが、非常に鋭い指摘なので、全文を掲載しておこう。

これはモンゴル文化をよく知らない人が手を加えた話だと思う。実は、背中に鞍《くら》があり、手綱を引きずって逃げている馬は一瞬で捕まえることができる。馬は鞍と手綱が邪魔になって逃げにくいからね。背中に鞍がなく、手綱もなく、人も乗っていない裸の馬でも、人が馬に乗って追いかける場合は必ず追いつく。人は逃げている馬の動きをうまく読み取り、作戦を立てて追いつくことができるし、裸の馬より人を乗せている馬の方が、バランスがいいので走りが速い。だから必ず追いつける。要するに、逃げている白馬を矢で殺す必要はない。

「馬頭琴の伝説」では、白馬の死因は窒息死だったと思う。馬のことを知らない人にはわからないだろうが、馬の長距離競走などの場合は、騎手が手綱をリズムよく引いたり緩めたりして、馬が呼吸をしやすくしないと馬が窒息することがある。というのは、馬をコントロールするために馬に馬銜《はみ》という金属製の棒状の物をくわえさせ、その馬銜の両端が手綱に繋がっているからだ。だから、走っている最中には、騎手が手綱をリズムよく使って両者が息を合わせないといけない。特に、人を乗せて必死に走っている時は、馬は息が上がるので、騎手はそれぐらいの手伝いはしないとね。

ところで、私が昔聞いた物語は、白馬に乗って馬の長距離競争に出場した主人が、手綱さばきを上手にできずに白馬を窒息させてしまい、その悔しさや悲しさのあまりに馬頭琴を作ったというものだったと思う。（M氏、男性、一九五六年生まれ、厩務員。二〇〇八年八月にバヤンノール市にて聞き取り）

私見だが、おそらく窒息死だと物語の起因であるスーホと王様の対立が成立しないし、農耕文化を持つ中国人の読者が理解できないので、塞野版「馬頭琴」では「弓に打たれて死ぬ」というリアルな死に方に変えられたと思われる。成吉思汗やその後継者たちは、生き物をむやみに殺害することを固く禁じてきたし、今日もその習慣が固く守られている。例えば、一七〇九年に書かれた、モンゴルの習慣法をまとめた書物である『ハルハ・ジルム』には「健康な（病気ではない、欠陥のない）馬、エジプト鵞鳥《がちょう》、蛇、蛙、野鳥（ブラマン鴨《がも》）、山鹿の子、孔雀《くじゃく》、犬等を殺してはならない。殺す者があれば、何人たるを問わず、目撃者をしてその人の馬一頭を没収せしめる」と事細かく規定されている。だから、いくら最悪の王様であっても馬を矢で殺すことは考えられない。

また、M氏の回答のなかに「背中に鞍がなく、手綱もなく、人も乗っていない裸の馬でも、人が馬に乗って追いかける場合は必ず追いつく。（中略）裸の馬より人を乗せている馬の方が、バランスがいいので走りが速い」という部分は、素人には少し難しい話だと思う。簡単に説明すると、乗馬用の馬の場合、毎日、人が乗ることによってこそバランスが取れるようにできている。だから、人が乗っていないと、自動車でいう「重量バランス」が崩れるのでリズムよく走ることができなくなるということである。

モンゴルでは常識だが、競走馬を選別する基本的な条件は、その馬の祖先が競走馬であったかどうか、になる。そして、いくら走るのが速くても、競技の二、三ヶ月前から訓練しなければならない。その間、糞、尿、汗などを毎日のようにチェックしながら、食べさせる牧草の種類や量、食べさせる時間、水の量などを細かく調整しなければならない。そして、一番大切なのは、走っている時に騎手と息を合わせる訓練である。これらのことを無視して馬を競技に出せば、いくら優れた馬でも息苦しくて走れなくなるし、ひどい場合は窒息して死ぬことがある。というのも、先述のようにモンゴルの馬の長距離競争は一般的に二、三〇キロものコースだからである。主人公のスーホがこれらのことをせずに白い馬を長距離競争に出したとしたら、彼は一人前の牧畜民ではない。殿様がどうこうというより、彼自身が勝負に目が眩《くら》んで大切な馬を犠牲にした張本人であると言うこともできよう。

また、こちらは「スーホの白い馬」の一場面だが、「スーホは、はを食いしばりながら、白馬にささっている矢をぬきました。きず口からは、血がふき出しました」（『こくご二・下』二〇二〇年度版）という行為は、厳密に言うと非常に雑である。この場合、矢を抜いた後、羊毛を燃やして傷口を焼き塞《ふさ》ぐ必要がある。こうすると血が止まるだけではなく、傷口が化膿しにくくなる。モンゴル草原ではこれは常識である。スーホがこれらのことをせず、ただ歯を食いしばりながら白馬に刺さっている矢を抜いたというこの場面は、この物語がモンゴル文化にさほど精通していない人によってまとめられたものであることを物語っている。

4　物語「馬頭琴」にみられる不自然な点

モンゴル放牧文化のなかで生まれ育ったモンゴル人なら誰もが、塞野版「馬頭琴」や、その翻訳とでも言うべき「スーホの白い馬」を読んで「何かが違う」と違和感を覚えるだろう。私もその一人だった。だが、いったい何が違うのか。その答えに辿《たど》り着くまでには時間がかかった。しかし、先に述べた聞き取り調査のなかで、長い間、自分のなかにあった疑問が徐々に解けていった。ここでは、その調査結果を踏まえて、「馬頭琴」にみられるモンゴル文化と矛盾する点について述べたい。

第一に、競馬大会が開かれた目的が不自然である。モンゴルでは、馬の長距離競争の乗り手は一〇歳前後の子どもであることが多い。先に何度も述べているように、モンゴルの馬の長距離競争は、日本の競馬とは大きく異なる。広大な草原での二、三〇キロという長距離のコースが一般的である。だから、普通の大人が乗り手になると馬がもたない。絵本『スーホの白い馬』では、スーホは競馬が開かれる町に向かう際、裸足で白馬に乗っているが、それは貧しいからではなく、少しでも体重を軽くするためである。また、靴を履《は》いたまま落馬すると、靴が手綱などに絡《から》んで馬に引きずられてしまう危険性があるから、子どもの騎手は裸足で乗る。

稀《まれ》に大人が乗り手になることもあるが、現在、テレビや映画に出ている競馬の騎手を見てもわかるように、小柄で痩せている人でなければならない。要するに、このことと「一等になったものは、王様の娘と結婚させる」という部分に矛盾を感じるのだ。乗り手が子どもの場合は、当然、結婚相手にならない。百歩譲って、乗り手が大人だったとしよう。だが、王様が痩せ細った小柄な乗り手たちのなかから娘の結婚相手を選ぶとは、普通は考えられない。これはおそらく、馬の長距離競走の一等になった乗り手は、西洋の神話などによく登場する白馬に乗った王子様のような格好よく、たくましい男であるというイメージを前提に、「一等になったものは、王様の娘と結婚させる」という展開にしたものと思われる。つまり、これは移植された物語だという証左の一つとなるのである。また、モンゴルでは乗馬が得意、あるいは暴れ馬を乗り馴らすのがうまい男が格好いいとされ、異性に好かれる傾向がある。そこに着想を得たのかもしれないが、馬の扱いに長けていることと、長距離競走で勝つ能力とは別の話なのだ。繰り返しになるが、モンゴルでは馬の長距離競走の乗り手は体重が軽い子どもである。

加えて有史以来、モンゴルには女性を賭けて勝負を争う遊戯はないし、民族文化の結晶である伝統的な競技にそのようなことはあってはならない。モンゴル文化について理解のある方ならご存じかと思うが、モンゴルでは家庭における女性の地位が高く、妻のことを、権力や財産を管理する人という意味のエジンを用いて「エジッグタイ」と呼ぶ。また、モンゴルでは男性側が結納金を渡す習慣はなく、逆に女性の親が娘を送り出す際、相手の家に家畜を送る習慣があるなど昔から男女平等を大切にしてきた。

第二に、スーホが子馬と出会った時間帯。「スーホの白い馬」では「ある日のことでした。日は、もう遠い山のむこうにしずみ、あたりは、ぐんぐんくらくなってくるのに、スーホが帰ってきません」（『こくご二・下』）と表現している。これは「馬頭琴」も同様なのだがつまり、スーホは暗くなるまで草原で羊を放牧していたということになる。これが不自然なのだ。私が実施した調査のなか回答者の一人が、この点について詳しく指摘しているので、それをそのまま引用しておこう。

モンゴル牧畜民は「ぐんぐんくらく」なるまで草原で羊を放牧しない。羊は暗くなるとその場で群がり、鞭《むち》を打っても動こうとしない性質があるからだ。もし羊の群れが草原で一夜を過ごしたら、それこそ群ごと狼の餌食《えじき》になるに違いない。それゆえに、羊飼いは朝になると羊を牧草地に連れていき、日が沈む前に連れ戻すのだ。要するに、これはモンゴル文化について知識がない人によって付け加えられた場面である。（O氏、女性、一九六四年生まれ、文化局局長。二〇一二年八月にウランチャブ市にて聞き取り）

第三に、大会が開かれた時期が不自然である。「馬頭琴」では、馬の長距離競争を開いた季節が「春」となっているが、モンゴルでは馬の長距離競争を夏季に行う。これは常識である。

モンゴル草原では、春には子馬に焼印を押し、三歳の雄馬を去勢する大仕事がある。これは力仕事でもあるがゆえに、地域ぐるみで行うことが多く、若者が中心として活躍する。この時、元気な若者たちは遊びとして馬に乗って競争したりして長老に怒られることがよくある。というのは、厳しい冬を越えたばかりの上、牧草も少ないので、春はすべての家畜が痩せ細っている。その時期に馬を走らせすぎると、馬の体内時計が狂ってしまい、脂肪を蓄えることができなくなる。だから、モンゴルでは、春季に馬をあまり走らせてはいけないことになっているのだ。

第四に、白馬が羊を守って狼とたたかう場面。同じ調査のなか回答者の一人が「馬の群れと狼の群れがたたかうことはよくあるが、馬と狼が一対一でたたかうなど聞いたこともない」（G氏、男性、一九五七年生まれ、元小学校校長。二〇一一年八月にシリンゴル盟にて聞き取り）と答えているように、草原では、馬の群れと狼の群れがたたかうことはよくあるが、馬が番犬のように、しかも囲いのなかにいる羊を守って狼とたたかうことはまずない。

絵本『スーホの白い馬』にも多く犬が描かれているように、犬はモンゴル草原ではなくてはならない存在である。草原の犬は牧羊犬ではなく、猟犬だったり吠えたりして主人に危険を知らせてくれる番犬だったりする。だから、白馬が羊を守って狼とたたかう必要はないのだ。

狼の食料となるネズミなどの小さな動物が冬眠した冬の草原では、狼の群れが羊や山羊といった小型家畜の群れを襲うことがよくあるが、馬や牛といった大型家畜の群れを襲うこともたびたびある。羊や山羊の場合は、ほとんど逃げることしかできないが、牛や馬の場合は、大人が子どもを囲んで円を作り、種牛や種馬を中心とした力強い雄が円の外側で狼とたたかう。おそらく塞野版「馬頭琴」の作者は、この話をヒントに、白馬の賢さや主人との絆《きずな》をより強調するために、このシーンを意図的に加えたのであろう。

以上のように、塞野版「馬頭琴」やその翻訳とでも言うべき「スーホの白い馬」にはモンゴルの文化や習慣と矛盾する点が多くみられる。民話にはオーバーな表現が用いられることはよくあるが、だからといって、その民族の文化や習慣と矛盾することはあまりないだろう。その意味で塞野版「馬頭琴」には、確かに創作文学としての一面がある。ただ、民話をベースにしているゆえに、白馬と主人の絆という、原話の「白い馬の物語」ならびに「馬頭琴の伝説」の本来の面影とでも言うべき文化的側面は活かされている。

すでに述べたように、原作と比べると塞野版「馬頭琴」には多くの部分が書き換えられたり、加えられたり、部分的に削除されたりしている。なかでも、モンゴルの文化や習慣と矛盾する点も多くみられることから、塞野版「馬頭琴」自体が、モンゴル文化に関する断片的な知識に基づいて手を加えられた物語であることがわかるのだ。これこそが物語の舞台であるチャハル草原に「スーホの白い馬」という物語がないことの重要な要因ではないか。厳密に言うと、手を加えたというより、「蘇和《スーホ》」という主人公を登場させて書き直されたものなのである。

5　物語の舞台、チャハル草原に「王」はいなかった

先にも触れたように、「スーホの白い馬」では、物語の舞台を「中国の北の方、モンゴル」としているが、原話である塞野版「馬頭琴」では「チャハル草原」にしている。また、「スーホの白い馬」では「殿様」となっているが、塞野版「馬頭琴」では「王爺《ワンイエ》」となっている。

中国語における「王爺」は非常に独特な概念である。漢字そのものをみてもわかるように、王爵の「王」と、祖父を意味する「爺」を組み合わせる時点で中国人らしい漢字の組み合わせであることがわかる。

中国には先祖崇拝、また親を敬う習慣がある。この習慣が関係していると思われるが、中国人は親族の呼び名以外にも、地域の役人、地主や金持ち（男性）に対する尊称として、「老爺《ラオイエ》」「大爺《ターイエ》」「繁爺《ファンイエ》」（その子どもを「少爺《シャオイエ》」）、また神様という意味で「老天爺《ラオティエンイエ》」と「爺」を用いた表現を取る。つまり、これによって相手に対する尊敬がさらに強調されるが、そこには「追従」という意味も含まれていて、後者の意味がより強い。

王爺は封建時代における王爵を与えられた人に対する尊称であると説明されることが多く、文学作品のなかにはたびたび登場する。主に満洲人やモンゴル人の王に対して用いられ、その場合「未開」「野蛮」というニュアンスも含まれる。そして中国建国後には、もっぱら封建主義時代の悪のシンボルという意味で使われるようになった。というのは、この「王爺」は清朝政権、いわゆる満洲人が用いた王爵にも通じる言葉であり、のちに清朝政権によりモンゴル人にも与えられたからだ。

ここで少し「王」という爵位がどのようにしてモンゴル人に使われるようになったのか、説明したい。

一六九一年に清朝康熙《こうき》帝（在位一六六一年～一七二二年）が自ら取り仕切ったドロンノール会盟によってゴビの北のモンゴル人も清朝政権に臣従した。その会盟の際、康熙帝はモンゴル古来のノヤンやジョノンといった爵位を廃止し、モンゴル草原の有力者に世襲制爵位である和碩親王《ホショイ・チンワン》、多羅郡王《トゥルイン・ジュンワン》、多羅貝勒《トゥルイン・ベイル》、固山貝子《ホション・ベイス》、鎮国公《オルスイン・トゥシェー・グン》、輔国公《オルスイン・トサラグチ・グン》を与えて統率を図った。この世襲制爵位は清朝宗室に準じるものであり、必ず成吉思汗の直系子孫でなければならなかった。

その一方、清朝政権は、塞野版「馬頭琴」の舞台であるチャハル草原の八つの旗《ホショー》においては総管《アンバン》、正参領《イヘ・ジャラン》、副参領《イリフ・ジャラン》、旗の管轄内における蘇木《ソム》においては佐領《ジャング》、驍騎校《フンド》、護軍校《ジョワンダ》による統率といった非世襲制役人による独特な行政システムを導入した。一見すると、旗においては総管がリーダーとして行政全般を仕切り、正参領と副参領が協力して政務を行い、蘇木においては佐領がリーダーとして驍騎校と護軍校が協力してそれにあたるようにみえるが、実際は、旗においても蘇木においても清朝の役人と親密な関係を築いた方が権限を持っていた。

　清朝政権がチャハル草原に、このような独特な行政システムを導入したことには、次のような歴史的背景がある。モンゴル帝国第四〇代皇帝リグデン・ハーンが率いるチャハル・モンゴル人は、満洲人が勃興して清朝を建国しようとした時から徹底的に抵抗した。なぜなら、チャハル草原は漢人地域と隣接していて、領土を巡って両者は常に争ってきたので、チャハル・モンゴル人の異民族に対する不信感は極めて強く、戦闘力も高かったからである。リグデン・ハーンは一六三四年に病死したが、チャハル・モンゴル人による抵抗はリグデン・ハーンの孫ブルネの世代まで続いた。

　チャハル・モンゴル人が再び蜂起することを恐れた清朝の康熙帝は、先述のようにチャハル・モンゴル人を八つの旗に分け、八旗《はっき》において世襲制爵位を禁じたのである。また、チャハル・モンゴル人の戦闘力を落とすために新疆《しんきょう》防衛の名目で、現在の中国の新疆ウイグル自治区や青海省、そして、かつて満洲国に編入されていたフルンボイル省と、五回にわたって移住させた上、満洲人と婚姻関係を持つハルハ・モンゴル人をチャハル草原に移住させ、漢人によるチャハル草原の開墾も認めたのだった。

こうした歴史的背景があるから、厳密に言うと塞野版「馬頭琴」の舞台だとするチャハル草原には世襲制王爵に通じる「王」、つまり「王爺」はなかったのである。これは塞野版「馬頭琴」の最大のミスであり、この時点で、この物語がチャハル地域で語り継がれてきた民話としては成立しなくなるわけだ。

【コラム7】モンゴル帝国から満洲人の清朝時代へ

満洲人のホンタイジは、リグデン・ハーンが他界したのち、その息子のエルヘ・ホンゴルに次娘を娶《めと》わせた。いわゆる政略結婚である。その際、エルヘ・ホンゴルに皇帝の婿という意味の「額駙《エフ》」を用いて額駙親王《エフ・チンワン》の称号を与えた。エルヘ・ホンゴルから玉璽《ぎょくじ》（大ハーンの証《あかし》たる印章）を入手したホンタイジは一六三六年に正式に皇帝となり、国号を大清国とした。しかし、エルヘ・ホンゴルは間もなく亡くなり、親王位は弟のアブナイが継いだ。このアブナイは満洲人に対して反抗的な男だったので、ほどなく満洲人によって軟禁され、息子のブルネが親王位を継ぐこととなった。だが、一六七五年にブルネ親王も満洲人に向かって反旗を翻《ひるがえ》したが、あっけなく敗北し、軍も全滅した。

6 作家・塞野を探す旅

では、誰がこの物語を創作したのか。『馬頭琴――内蒙古民間故事』ならびに『中国民間故事選』に所収されている「馬頭琴」の文末には、「塞野が記した」とあるだけで、いつ、どこで採話したか明記していない。ところが、『蒙古族民間故事選』に再録されている「馬頭琴」の文末には、「一九五〇年から一九五二年の間、内モンゴル旧チャハル盟のドロンノール（現・内モンゴル・シリンゴル盟）あたりで、モンゴル人の年寄りの芸人から採集し、整理し、作品化した」と記されている。この「整理」という言葉から、この物語はオリジナルではないことが窺《うかが》われる。

図9　塞野氏（左）と著者

私は『「スーホの白い馬」の真実』を執筆していた二〇一三年頃から、中国語の「馬頭琴」を初めて整理し、作品化した塞野を探してきたが、彼に会うまで約五年もかかった。というのも、彼については中国語版「馬頭琴」を初めて整理し、作品化した人であるという情報しかなく、塞野の性別や年齢、職業や生活している地域すら知らなかったからである。とにかく「物書きである」というわずかなヒントを頼りに、地元の作家協会を傘下に置いている内モンゴル各地の文学芸術工作者聯合会《れんごう》（以下、文聯《ぶんれん》）に順番に問い合わせたが、手応えがなかった。

そんなある日、塞野は内モンゴル東部の

赤峰《せきほう》市文聯が発行している月刊誌『百柳《ジョーオダ》』の編集を一時担当していたという情報が舞い込んだ。さっそく月刊誌『百柳』の編集部に問い合わせたところ「確かにそのような人がいたが、九〇年代に定年退職したので、彼のその後については知らない」という返答があった。詳しい連絡先は入手できなかったものの、地域が絞られたので、赤峰市の文聯から定年退職した人に順番にあたってみることにした。こうした長い旅を経て、二〇一八年四月に彼に巡り合うことができたのだった（図9）。

7 「塞野」というペンネームの由来

塞野の本名は楊蔭林《ヤンインリン》であるが、仲間や同僚は彼をペンネームの「塞野」で呼ぶことが多い。とはいっても彼には今使っているペンネーム以外にもう一つ「木耳《ムーエル》」というペンネームを、物書きとして歩み出した一九五〇年からしばらく使っていた。当時、ペンネームを使うことが作家たちの間で流行していたという。

塞野は一九三二年に河北省宝坻《ほうてい》県の東孟庄《とうもうしょう》（現・天津市宝坻区東孟荘村）という小さな村に生まれ育った。父は中華民国大総統の袁世凱《えんせいがい》（一八五九年～一九一六年）から正装をオーダーメイドされるほど腕のよい洋裁師で、唐山《とうざん》に自分の店を構えていたが、戦時中の混乱に伴い洋裁の仕事で食べていくのが難しくなり、仕方なく店を閉めた。それから生まれ育った村に戻ってしばらく農業に従事してから妻の兄弟を頼りに、一人で西口《さいく》に出稼ぎに行った。

有史以来、中国人は自然災害が起きるたびに難民として周辺地域に集団移住している。明朝中期から中華民国初年の間に行われた、張家口《ちょうかこう》あたりを通って内モンゴル草原の西部を目指した集団移住を「走西口《そうさいく》（西口へ行く）」、万里の長城の東端である山海関《さんかいかん》あたりを通って内モンゴル草原の東部や現在の中国の東北地域を目指した集団移住を「闖関東《ちんかんとう》（関東に進出する）」と呼んでいる。西口はこの「走西口」からきた言葉である。場所として万里の長城の南部からモンゴル草原に通じる要衝《ようしょう》である張家口や、その北側に位置する張北《ちょうほく》あたりを指すことが多い。ちなみに、「走西口」という言葉からもわかるように、西口を歩いて内モンゴル草原に入ったのは、自然災害などから逃れた農民がほとんどであり、素朴かつ穏やかな人が多かったと言える。一方、関東に闖入《ちんにゅう》した集団には匪賊《ひぞく》（賊徒）や盗賊が多く、殺戮や略奪など悪の限りを尽くした。彼らのなかにはのちに軍閥《ぐんばつ》として成長した者もいた。内モンゴル東部地域のモンゴル人がいち早く日本に協力したのにも、こうした歴史的背景がある。結果として内モンゴルの東部地域が満洲国に編入されることになった。

話は戻るが、塞野は自伝『風雨人生』(内蒙古人民出版社、二〇一〇年)のなかで、父親が出稼ぎの報酬で何頭かのロバを購入し、喜んで村に帰る途中、善悪の判断のつかない日本憲兵によってロバを没収されてしまったと記している。仕方なく父親は張北に戻り、酒場で働いたという。

塞野は一九三八年に地元の東孟庄初級小学校に進学し、楽しい学校生活を始めた。しかし二年生の秋、ちょうど高粱《コーリヤン》(モロコシ)の畑が収穫を迎えようとしている時、豪雨に伴う大洪水が発生し、生活の糧《かて》である高粱畑が流されてしまった。冬を越す食料を失ったことで母親は貯蓄してあった食料を祖父母に残し、塞野と四歳の弟を連れ父親を訪ねて内モンゴル草原に足を踏み入れた。いわゆる「走西口」であり、この移住にちなんで彼は「塞《とりで》(町)の外に広がる野原」という意味で塞野というペンネームを使うことにしたとのこと。

その旅を塞野は「あちらこちらに銃を持った日本兵が立っていて、怯《おび》えながら移動した」と回想している。

8　貧しかった子ども時代

塞野の父親は住み込みで働いていたので、三人は町の中心部を囲む張北城の外側でぼろぼろの土の家を借りて生活し始めた。父親が仕事の合間を縫《ぬ》って顔をみせていたが、忙しい時は何ヶ月も家に帰ることができず、食糧が絶えた三人は近隣の村で物乞いをしたりゴミ捨て場をあさったりしたという。

ある日、子どもの塞野はゴミ捨て場に大量の豚の足が捨てられているのを発見し、母親に伝えた。母親はすぐさまそれを拾って帰り、皮を剝《む》き、入念に下処理してから一晩水につけておいた。翌朝、塞野が起きると、一晩水につけた豚の足がパンパンに膨らんでいた。母親が近所から醬油を借りてきて、じっくりと煮込んだ。「それまであんなに美味しい豚足を食べたことがなかった」と語る塞野の目が潤《うる》んでいた。

しかし、いつも豚の足が捨てられているわけではなく、何も食べられない日も多かった。そういう時には、母親が気晴らしに兄弟二人に民間の故事を聞かせてくれたという。それが塞野の民間故事への関心のきっかけにもなったそうだ。

そのうち、塞野は近所の私塾に顔を出すようになり、漢字を教えるための書物『百家姓《ひゃっかせい》』『三字経《さんじきょう》』を習った。のちに三人は父親が働いている酒場の近くに引っ越した。そこは日本人住宅地の近所だった。

引っ越しがきっかけで塞野は一九四〇年から張北鎮北街《ちんほくがい》中心小学校に通い始めた。優等生だった塞野は、小学校を卒業後、一九四七年にチャハル省立張北師範学校に進学し、三年後の一九五〇年秋から多倫《ドロン》完全小学校で教員として働くようになった。

多倫はモンゴル語のドロンノールの当て字である。ドロンはモンゴル語の「七《ドロー》」の訛《なま》りであり、ノールは湖を意味する。周辺に七つの湖があったため、そのように名づけられたのだ。

塞野は、この多倫完全小学校で教員として働いていた時期、「スーホの白い馬」の原話である「馬頭琴」と出合ったという。

9 日本ゆかりの地「王爺廟」で学ぶ

塞野は張北師範学院の時代から新聞などにエッセーや教育に関する雑談などを掲載して

いた。多倫完全小学校で教員になってからも執筆を続けていた。その執筆活動が評価され、一九五二年四月にウランホト市にあった内モンゴル師範学院に推薦入学することができた。

ウランホトは日本でおなじみの満洲国時代の王爺廟《ワンインスム》（おうやびょう）のことである。一九四七年五月一日に内モンゴル自治政府が産声を上げた町であり、その際、「紅《あか》い革命」にちなんでウランホト（モンゴル語で「紅い都市」を意味する）に改称された。

当時、内モンゴル師範学院は専科学校で数学科、生物学科、モンゴル語学科といった三つの学科しかなかったので、塞野は仕方なく数学を専攻したという。一九五三年八月には短い学生生活を終え、多倫完全小学校に戻る予定だったが、赤峰林西《りんせい》中学校に教員として新たに配属された。林西中学校は当時、赤峰地域の唯一の中学校であり、大卒の教員が不足していたからである。

その後、塞野は一九六〇年一〇月から赤峰市教育委員会の教育研究室に転職し、一九六二年六月から赤峰市教育委員会の普通教育課（学校教育課）で課長として働いた。一九六六年に文化大革命が勃発した後、中国共産党直系の学校「紅山《こうざん》幹部学校」に二年半ほど通い政治教育を受けている。

一九八二年に赤峰市文聯が創立したことがきっかけで塞野は赤峰市文聯に転職し、全国向けの文学月刊誌『百柳』(中国語版)の編集を担当した。

雑誌編集に携わってから仕事の多忙さのあまりほとんど新しい作品を発表できなかったが、塞野が編集者をしていた月刊誌『百柳』は年間二〇万部も売れる人気雑誌として成長したという。ところが、近年は、インターネットなどの普及に伴って売上が激減し、不定期発行になっているそうだ。

塞野は一九九二年二月に定年退職年齢に達したが、赤峰文聯の要請で定年が延長され、一九九三年退職となった。それからは趣味の執筆活動を続けながら楽しい晩年を送っているとのことである。

塞野は一九九三年に中短編小説集『蛇蝎《だかつ》皇后』(内蒙古人民出版社)、二〇〇五年に長編小説『雛鷹《すうよう》行動　三部曲』(作家出版社)、二〇〇七年に『蒙古族民間故事集　馬頭琴』(私家版)、二〇一〇年に自伝『風雨人生』(内蒙古人民出版社)、二〇一三年に友人の劉博嶠《リウボージャオ》と共編した『塞野童話故事集』(中国文化出版社)をそれぞれ出版している。

10　塞野の回想に登場する日本軍の軍曹

塞野が張北鎮北街中心小学校に通い始めた一九四〇年の冬、母親が暖房用の石炭を節約するために日本軍駐屯地の近くから凍った馬の糞を拾い集め、乾かして暖房用に使うことにした。父親も時々、手伝いに行ったという。

ある日、父親が麻袋半分ぐらいの凍った馬糞を拾い集めて帰ろうとしている時、日本刀をぶらさげた日本軍の軍曹に足止めされた。軍曹は塞野の父親をしばらく観察してから片言の中国語で「肉体労働者にしては指があまりにもきれいじゃないか」と聞いてきたという。

塞野の父親は毎日のように居酒屋で洗い物などをしていたので、確かに手が清潔だった。父親は「私は善良な市民です。普段、酒場で働いていますから、普通の労働者に比べて手がきれいなのだと思います。今日は妻を手伝って燃料にする馬糞を集めています」と丁寧に説明した。その瞬間、軍曹は冷たく光る日本刀を塞野の父親の首に当てて「お前はスパイか。白状しないと殺すぞ」と叫んだ。塞野とその弟を連れて近くで馬糞を集めていた母親が、一所懸命に軍曹に事情を説明したが信じてもらえず、父親はそのまま拘束《こうそく》されてしまった。その時のあまりの恐怖のためか、塞野は今でも時々、あの日本兵が夢に登場し、自分の首に日本刀を当てている夢をみることがあるという。

翌日、二人の日本兵が塞野の家を隅々まで調べて帰った。母親が自分の弟たちに相談し、知り合いの売店二軒を担保にしてやっと父親を保釈させた。それから塞野は両親の代わりに石炭の燃えカスを集めるようになった。彼は学校に行く前、毎日のように日本人住宅地や日本人向けの娯楽施設、そして県公署の灰捨て場を回って石炭の燃えカスを拾い集めた。そのおかげで一家は寒さを凌《しの》ぐことができた。ところが、またも災難が起きた。

ある朝、塞野が県公署の灰捨て場で石炭の燃えカスを集める作業に夢中になり、公署職員が出勤する時間になったことを忘れてしまった。ふと気づけば、日本刀をぶらさげた日本軍の軍曹が、県公署正門の高台から塞野を眺めニヤニヤしているのがみえた。その隣に大きなシェパードが座っていた。嫌な予感がして塞野が走り出す瞬間、その軍曹がシェパードを放った。塞野はシェパードに足を咬《か》まれたまま二、三歩走ったが、獰猛《どうもう》なシェパードは放そうとしなかった。塞野はそのまま倒れてしまった。高台から様子をみていた軍曹は腹をかかえてしばらく笑ってからシェパードを呼び戻した。県公署の職員は誰一人助けようとしなかった。塞野は血まみれの足を引きずりながら家に向かった。

狂犬病の恐れがあるので母親は、口で塞野の足の傷口から血を吸い出した後近所でもらった薬を塗り、清潔な布で傷口を巻いてくれた。母親は石炭の燃えカス拾いをやめるよう塞野を説得したが、彼はやめなかった。それからというもの塞野は石炭の燃えカスを拾う時にはいつも耳を澄まし、できるだけ県公署の職員の出勤する時間からずらして灰捨て場に行くようになったという。

怪我をした足を引きずりながら石炭の燃えカスを集め歩く塞野のことを可哀そうに思ったのか、ある日、一人の日本人女性が自宅の庭にあった、砕けた石炭の一部を分けてくれた。その時、彼は「日本人のすべてが悪人なのではない」と思ったという。

11　塞野の回想に登場する日本兵

一九四五年の初夏になると、張北の住民が街頭ごとに当番制で日本軍の手伝いをさせられた。普段は、父親が家にいないので塞野が父親の代わりに行くことが多かった。塹壕《ざんごう》を掘ったり食料を運ばせたりした。そんななか、ある日、張北城南門の外側にあった日本軍駐屯地に呼び出された。三八式の長銃を持った日本兵が塞野をある倉庫に連れていった。そこには大きな木製の手押し車があった。日本兵が片言の中国語で彼に手押し車を押して自分に付いてくるようにと命じた。二人は張北街の細い路地をしばらく歩いて、大きな倉庫らしき建物の前に止まった。日本兵が倉庫内からセメント五袋を手押し車に載せるように命じた。塞野は命令通りにセメントを手押し車に載せ、来た道を引き返した。その時、塞野は一三歳の子どもだったが、平坦な道だったので、五袋のセメントを載せた車もそれほど重く感じなかったという。

ところが、帰る途中、突然雨が降ったため、足を滑らせ手押し車を倒してしまった。泥だらけになった塞野が起き上がろうとした時、あの日本兵が「馬鹿野郎！ 何をしてる？ 殺すぞ」と叫びながら倒れている塞野の上から硬い靴で何度も蹴った。塞野は恐怖のあまり飛び起き、無意識に手押し車を押して走った。

日本軍駐屯地に到着した時、雨が強くなってきたので、日本兵は塞野に馬小屋で雨宿りをするよう指示した。雨がやんだ後、塞野は日本兵の指示通り、運んできたセメントを部屋のなかへ運び、やっと家に帰ることが許された。母親が泥だらけになった息子を抱きながら静かに泣いたと話す塞野の目がまた潤んでいた。

一九四五年八月初旬から張北市に住んでいた日本人たちが慌ただしく荷物を運び出しているのがみえた。張北城の南門外に駐屯していた日本軍も一夜にしていなくなった。残ったのは中国人の保安隊ぐらいだった。街の人々の間に、ソ連が対日参戦したことや、日本が負けるのが時間の問題となったという明るいニュース飛び回っていたという。この時の気持ちを塞野は自伝のなかに「私はこの上ない興奮と喜びを感じた。苦難に満ちた時代が終わり、新しい生活がすぐそこに来ていることを感じた」と記している。彼は遊び仲間と一緒に日本軍駐屯地の衛生所に忍び込み、瓶に入った赤や紫色の薬を思う存分、壁に投げつけたという。

12　物語「馬頭琴」との出合い

では、塞野版「馬頭琴」はどうやって誕生したのか。二〇一八年四月一八日と一九日、内モンゴルの赤峰市にある塞野の自宅で行ったインタビュー調査のなか、彼はこのように回想している。ちなみに、塞野はモンゴル語は挨拶程度しか話せない。

この物語は一人の年老いたモンゴル人に聞きました。確か名前はウルジだったと思います。彼は各地を転々としながら歌を歌う流しのような人でした。彼はモンゴル語と中国語が流暢《りゅうちょう》で、モンゴル人にはモンゴル語で、中国人には中国語で叙事詩を歌ってあげていました。昔の記憶に頼って話しているので間違っているかもしれませんが、一九五一年、多倫完全小学校で教員として働いていた時のことだったと思います。ドロンノールは寺が多く、毎年の初夏、寺の定例行事であるチベット仏教の仮面舞踊「チャム踊り」を大々的に披露します。今でもそうだと思いますが、その期間中、街は人でごった返す。それに合わせてドロンノールにある山西会館の前ではよく中国風の喜劇が上演されていました。

当日、山西会館前に作られた劇台（舞台）上で六〇歳ぐらいの男性が楽器を演奏しながら歌を歌っていました。痩せ細った彼は、古く汚れた民族衣装を着ていて、帽子は被っていませんでした。馬頭琴ではなく四胡《しこ》という楽器だったように思います。周りに多くの人が集まっていましたので、私もそのなかに加わりました。その日、彼が歌っていたのは「馬頭琴」という物語でした。そこで初めて「馬頭琴」を知りました。内容がとても面白く、意味深かったので、彼が歌い終えた後、もう一度歌の内容を教えてもらい、メモ書きしましたが、すぐには原稿として完成させませんでした。

これを聞いて私は、塞野版「馬頭琴」で馬の長距離競走の開催場所が「喇嘛《ラマ》廟」（チベット仏教寺院）になっていた理由がわかった。ドロンノールは北京から比較的近く、七つの湖が点在する自然豊かな草原に囲まれた町だったので、北京最大のチベット仏教寺院である雍和宮《ようわきゅう》の歴代名僧が避暑地として使ってきた。ゆえに、ドロンノールは仏教寺院が多い町としても有名であり、その寺院が定期的に仮面舞踊「チャム踊り」を披露し、その期間、町がお祭り騒ぎになる。塞野は自分が採集した物語を整理し、作品化する時、その雰囲気を織り込んだのであろう。

もう一つ、注目したいのは演奏の舞台となっている「山西会館」（図10）である。日本における会館は建物などを指すことが多いが、中国においてはその意味が広い。内モンゴル各地にある中国人による会館は、主に自然災害などで移住した同郷の漢人難民によって組織されている。というのは、彼らの多くが無断で草原に移住してきた不法難民であることが多いので、よく現地の牧畜民の反対や攻撃にあっており、彼らは自衛のために自然に結束し、やがて吉凶禍福をもとにするようになり、「××会館」という社会組織として成

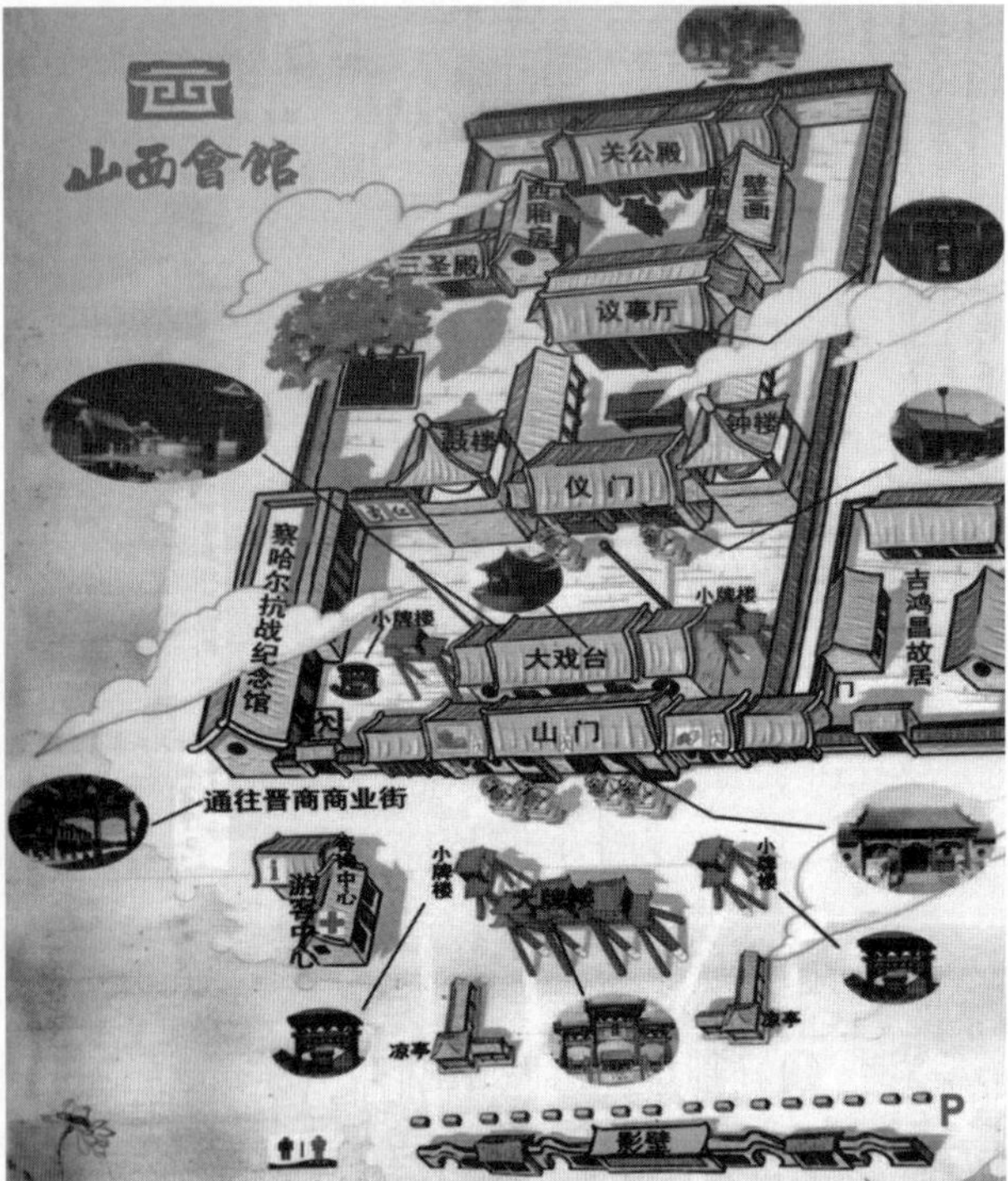

図10　ドロンノールにある山西会館の案内図

長した。ゆえに、彼らはいち早く土地改革に賛同したことでも知られている。ドロンノールの山西会館は『三国志』に登場する関羽《かんう》を祭祀しており、関帝廟としての面もあれば、商人ギルドとしての面もあり、俗に言う秘密結社としての機能も持っている。

13 「山西会館」の知られざる一面

山西会館は今も毎年五月一三日から晩秋まで会館前の劇台（京劇用のステージ）で中国風の劇を上演するイベントを催す。その期間中にあたる五月一三日から六月一五日まではドロンノールにある各寺院でも定例行事である「チャム踊り」が大々的に披露されるので、町は観光客でごった返すことになる。

ドロンノールの山西会館は一七四五年の建設とされている。文化大革命の時期、石碑などが壊されたものの毛皮工場の倉庫として使われたので破壊を逃れたとのこと。一九九〇年代の初期から徐々に修復が始まり、一九九五年に内モンゴル自治区全国重点文物保護単位（日本でいう「文化財」）、二〇〇六年に中国全国重点保護文物としてそれぞれ登録された。

二〇一九年の夏、私はドロンノールの山西会館を訪れた。塞野の回想に登場するウルジというモンゴル人が歌を披露していたという劇台も元の場所に元の形で再現されていた。会館の入口を入ったところにその劇台、向かって左側に「チャハル抗日戦争記念館」、そして、壁を挟んで右側に抗日の英雄とされている「吉鴻昌《きつこうしょう》（一八九五年〜一九三四年）旧居」があり、中国でいう「愛国主義教育基地」そのものだった。それは、モンゴル人ウルジの演劇が中国革命に大きく貢献したことを意味しており、このことからも塞野版「馬頭琴」を取り巻く政治的背景を垣間見ることができる。

実は、このドロンノールという地域は日本とも深い関係がある地域である。先に触れた「走西口」を目指した漢人たちは、当時、モンゴル草原の牧畜民と中原地域の漢族が、その生産物である家畜と穀物などを売買する要衝の役割も果たしていた張家口を東口《とうく》、帰化城《きかじょう》（現・フフホト市あたり）を西口と呼んでいたが、やがてドロンノール（多倫）が北口《ほっく》と呼ばれるようになった。

ドロンノールに移住した漢人たちは主に皮革・フェルト製品、刃物を生産する仕事に従事し、それによりドロンノールは同製品の産地として広く知られるようになった。各製品はキャラバン隊によって現在のウランバートルを経由してロシアまで運ばれていた。

また、雍和宮の歴代名僧が避暑地としていたドロンノールには、商人だけではなく、外モンゴルを含む各地の信者たちが長蛇の列をなして訪れたので、関東軍にとっては情報収集源として、また軍事的にも最適地であった。日本軍は、満洲国建国のほぼ同時期から軍モンゴル人李守信《りしゅしん》（一八九二年～一九七〇年）の部隊を支援し、ドロンノールに駐屯させた。李守信は日本では知る人ぞ知る人物である。彼は長年、徳王ことデムチュクドンロブ王を支え、彼の右腕としてモンゴル民族の自決運動に協力した人物である。これに対抗する形で一九三三年、チャハル地域に住む漢人たちは馮玉祥《ふうぎょくしょう》（一八八二年～一九四八年）を中心にチャハル抗日同盟軍を組織した。先の吉鴻昌は、このチャハル抗日同盟軍の最高幹部の一人である。一九三三年七月、吉鴻昌が指揮する同盟軍はドロンノールを攻撃、それを受けて駐屯していた李守信の部隊が撤退し、吉鴻昌は日本帝国主義の手からドロンノールを解放した英雄とされた。山西会館のカタログでは「五日間の血みどろな奮戦の結果、七二日にわたって敵軍に占領されていたドロンノールを一挙に奪い返し、日本軍の無敵神話を破った。この勝利をきっかけとして国を挙げて奮《ふる》い立ち、長く低迷していた抗日の熱意を大きく鼓舞《こぶ》して、山西会館は抗日前線の司令部となった」と紹介されている。

本題に戻るが、ウルジが「抗日前線の指揮部」となった場所で、中国語で歌っていたということは、彼は山西会館が主催した中国革命に関する何らかの宣伝活動に協力し、歌を披露していたと考えてよい。当時、ウルジのように漢人に協力していたモンゴル人がいたことは事実だが、のちの文化大革命時に彼らも打倒される側に転じていた。

14　物語「馬頭琴」作品化の経緯

塞野はさらに「馬頭琴」が初めて雑誌に掲載された経緯についてこう回想している。

私は張北師範学院の時代から新聞などにエッセーや教育に関する雑記などを寄稿しており、地元では少しばかり有名人でした。その執筆活動が評価され、一九五二年四月、内モンゴル師範学院に推薦入学することができました。当時、内モンゴル師範学院は現在のウランホト市にありました。

一九五四年の夏休みにフフホト市で行われたかと思いますが、私は内蒙古文学創作会議に参加する機会に恵まれました。内蒙古文学創作会議の時、『内蒙古日報』の副刊（文芸・学芸欄）の編集者とも知り合い、仲良くなりました。その年末か、一九五五年の年始に私は「馬頭琴」を整理し、作品化して『内蒙古日報』の副刊に投稿し、編集部でさらに修正されて掲載されました。「馬頭琴」は掲載されるやいなや話題を呼び、一九五五年末から断続的に半年ほど中央人民ラジオ放送局により放送されました。このラジオ放送がきっかけで中国全国に広まりました。

塞野の話を聞いて私は「あなたがあの老芸人に聞いた話を作品化する際、どの程度、手を加えましたか」と質問すると彼は、「かなり前のことなので、はっきり言って忘れました。もちろんきちんとした文章にしないといけないので手を加える必要はあります。『内蒙古日報』編集部では確かに修正された記憶があります」と答えた。

では、編集部ではどの程度修正されたのか。これについて塞野は「昔のことだから正確には覚えていません。今もそうだと思いますが、新聞や雑誌などは投稿された原稿、特に若手の物書きの原稿をそのまま掲載することはまずあり得ません。私も雑誌の編集の仕事に携わっていたのでよくわかります。時には真っ赤になるまで赤字を入れることがあります。（「馬頭琴」を『内蒙古日報』の副刊に投稿した）その時、私は二十代で、駆け出しの物書きでしたので、真っ赤になるまで赤字を入れられたに違いありません」と答えている。

塞野の回想から、塞野版「馬頭琴」は、一九五四年末か、一九五五年の年始に初めて

『内蒙古日報』の副刊に掲載されたことがわかる。その際、ウルジという老人から聞いた話にどの程度、手を加えたかは忘れていたが、自身が編集著作した『塞野童話故事集』のなかで「後から書き足し、整理し、作品化して『内蒙古日報』の副刊に投稿した」としている。また、塞野は『内蒙古日報』の副刊では「真っ赤になるまで赤字を入れられたに違いありません」と話している。どの程度、赤字を入れられたか、知る余地はないが、ある程度、推測はできる。それが本章で指摘した様々な矛盾点になるのではないだろうか。いずれにせよ、塞野が採集・整理した物語が『内蒙古日報』副刊の編集者によってさらに加筆・修正されたことは事実である。

静岡大学付属図書館が所蔵している中国語版『内蒙古日報』(一九五一年～一九八三年)をすべて確認したところ、副刊という欄が一九五六年九月から設けられている。調べてみると、一九五五年頃から『内蒙古日報』が脚本、詩歌、小説、民間故事を集めた『蒙古文芸』(中国語版)という不定期刊冊子を刊行していて、それがのちに縮小され、副刊になったことがわかった。だから、厳密に言えば、塞野が言う『内蒙古日報』の副刊とは、『蒙古文芸』という冊子のことだと思われるが、実物を入手できなかった。実際、『連環画版 馬頭琴』の表紙に「原載『蒙古文芸』一九五五年六月号」とある。私が入手した塞野版「馬頭琴」のなかで最も古いものは、一九五六年刊の『馬頭琴——内蒙古民間故事』に掲載されている「馬頭琴」である。先の塞野の回想から、これも『内蒙古日報』の副刊から転載したものであると考えられる。その後、塞野版「馬頭琴」は『中国民間故事選』など様々な書物に再録されているが、すべて同じものである。

ちなみに、赤峰地域に観光スポットとして注目を浴びているアスハトという花崗岩《かこうがん》石林（天然石柱が林立する景勝地）がある。塞野の元同僚で彼を私に紹介してくれたS氏によれば、石林を観光地として開発した中国業者が、観光地をアピールするために石林に関するさまざまな物語を塞野に依頼したという。その際、塞野はそびえ立つ三つの岩について、『三国志』に登場する劉備《りゅうび》、関羽、張飛《ちょうひ》にちなんだ物語を創作した。地元のモンゴル人たちからは、モンゴル草原にある石林に中国史の逸話を唐突にあてはめることは、歴史のねつ造につながるといった反対意見があったが、業者側はそれらの意見には耳を傾けず、塞野が創作した物語を活用した。その元同僚は塞野のことを「創作の名人」と皮肉っていた。

15 塞野版「馬頭琴」が流行した理由

では、どうして塞野版「馬頭琴」は同時期に様々な書物に掲載され、ラジオでも放送されたのか。その鍵は「馬頭琴」が所収されている『馬頭琴――内蒙古民間故事』と『中国民間故事選』の前書きに集約されている。まずは後者にこうある。

勤勉かつ勇敢な中国人民は、幸せな生活をつくるために、様々な自然災害や階級の圧迫に勝利し、また帝国主義の侵略者を追い出した。中国の民間説話には、この各民族の歴史における労働、闘争及び理想が深く反映されている。これらの説話には、様々な邪悪な勢力を征服し、共産党や毛主席を讃《たた》えてきた中国のプロレタリアートのこのような百折不撓《ひゃくせつふとう》の意志や気迫が溢れているのである。

「中国のプロレタリアートの百折不撓の意志や気迫」といった文言は、当時、枕詞《まくらことば》のように使われていたのではないか、という指摘も出てくるかもしれないが、前者の前書きをみれば、そうではないことがわかる。

本書はモンゴル民族の民間故事を集めたものである。これらの説話のなかでは、モンゴル人同胞が受けている階級の圧迫や彼らの統治階級への憎しみや反抗が表現されている。例えば、本書に所収されている「馬頭琴」や「バイリン地域の力士」に、それが表れている。

モンゴル人同胞が受けている圧迫や憎しみや反抗を強調している点が実に対照的だ。もちろん、これは塞野版「馬頭琴」の創作者である塞野個人の言動ではなく、当時の社会や政治思想が大きく反映されたことによるものであるし、「夷狄《いてき》」としてのモンゴルに対する中国人のオリエンタリズムが反映されたものでもある。

周知の通り、一九五三年九月二三日から一〇月六日まで北京で開かれた中国文学芸術工作者第二次代表大会において、社会主義リアリズムが中国における文学芸術の創作と批評の最高の基準であると公式に規定された。塞野が「馬頭琴」を採集したのは一九五一年であるのにもかかわらず、初めて『内蒙古日報』の副刊に掲載されたのは一九五五年である。また、塞野版「馬頭琴」は一九五五年から一九五九年までの間、様々な書物に繰り返し再掲されていることから、編集過程でこの規定に強く影響されたとみてよい。

16 革命物語を量産した専門機関

塞野版「馬頭琴」が所収された『馬頭琴――内蒙古民間故事』を編集した、内蒙古文学芸術工作者聯合《れんごう》会は、一九四九年七月に成立した官営の中国文学芸術工作者聯合会傘下の機関である。通常「内蒙文聯《ないもうぶんれん》」または「文聯」と呼ばれている。世間では、オフィスに行ってお茶を飲み、タバコをふかしながら駄洒落を連発する作家たちの溜まり場というイメージが強いが、簡潔に言えば、中央から与えられた課題に沿って様々な形で社会主義リアリズムをプロパガンダする、ある種の専門機関である。

これについてボルジギン・ブレンサイン編著『内モンゴルを知るための60章』（明石書店、二〇一五年）のなかでも次のように指摘している。

「スーホの白い馬」のもととなった中国語版は、1956年4月に中国の少年児童出版社から出された民話集『馬頭琴』のなかに収録されている「馬頭琴」（塞野記）という短文である。民話集の著者は「内蒙古文学芸術工作者聯合会民間文学研究組」で、いわゆる「内蒙文聯」である。１９５０年代は、少数民族の大衆文化から階級闘争的な要素を大量に見つけ出しては革命物語を量産した。当時の「内蒙文聯」はまさにそういう階級闘争的な作品を創作する機関であった。

したがって、このような機関によって編集された書物に早期に掲載されたことから考えると、塞野版「馬頭琴」が創作された意図が推測できる。「馬頭琴」ならびに「スーホの白い馬」では、「スーホという、まずしいひつじかいの少年がいました」「つれてこられた少年を見ると、まずしいみなりのひつじかいではありませんか」「なんだと、ただのひつじかいが……」（教科書）または「なんだと！　いやしいひつじかいのくせに……」（絵本）というように、スーホが「貧しい羊飼い」であることが強調されている。これはつまり、スーホが「無産階級」であることとの強調である。一方、王様・殿様はそのスーホを見下しているだけではなく、スーホの馬を奪い、しかも馬を残酷に殺す「悪人」として描かれている。これはつまり、王様・殿様は「搾取《さくしゅ》階級」であることを意味している。すなわち、この物語は「無産階級」のスーホと、「搾取階級」の殿様を対立させて描くことによって、王様・殿様のような支配者・牧場主・富裕層は「搾取階級」という「悪」なので絶対に倒さなければならないという階級闘争の思想のもとに創作された物語なのである。

17 内モンゴルにおける階層対立の代表作「バルガンサンの物語」

「馬頭琴」という話はどの国にもある、民間説話における上流階級と下流階級の対立の物語ではないか、という指摘も出てくると思う。もちろん、モンゴルの民間説話には、上流階級と下流階級の対立を描いた物語はたくさんある。ただし、これらと「馬頭琴」の間には大きな違いがある。

モンゴルの民間説話における階層対立を描いた物語の代表作は、自由奔放な生活を送る風来坊であるバルガンサンが主人公の「バルガンサンの物語」である。内モンゴルではよく絵本になったり子ども向けの雑誌に定期的に掲載されたりする。日本でも、平凡社東洋文庫『バラガンサン物語――モンゴルの滑稽ばなし』(若松寛訳、二〇〇八年)というタイトルでラインナップされている。

この物語はモンゴル人なら一度は聞いたことがある有名なものである。民間説話であるゆえに作者はなく、地域によって主人公が異なったり時代の変遷によって内容が改変されたりすることもあるが、定番の類型は「王様をからかった」である。

「王様をからかった」では、バルガンサンは次々とうんちをきかせて王様をからかう。例えば、王様のお尻を蹴ってから「天（神）のお尻を蹴れば、母の病気が治るとお坊さんに言われたので、失礼だと重々承知しながらも仕方なく我々庶民にとって天（神）のような存在である偉大なる王様のお尻を蹴ったわけでございます」とうんちをきかせて罰を逃れたり、「病気の母のために漢方薬を購入しましたが、本当によい薬かどうか、誰もわかりません。これをおわかりになるのは王様だけでございます。一度お試しいただけませんか」と言って王様に犬の糞を食べさせたりする。

ここでは「バルガンサンの物語」の定番の場面である「王様《ワンノヤン》をからかった」と、塞野版「馬頭琴」の違いについてみてみたい。

第一に、王様とバルガンサンの間には〝憎しみ〟がみられないことである。両者の間におけるエピソードには必ず笑いが入っており、それが民衆のうっぷんを晴らす笑いのネタにもなっている。バルガンサンはそれに応え、とんちをきかせて、次々と王様をからかう。言うなれば、「一休さん」のモンゴルバージョンである（図11）。

第二に、バルガンサンの行動は、何らかのイデオロギーを背景にした計画的な行動ではなく、一時的または断続的なものであるということである。本書では伝統社会における上流階級と下流階級の対立を描いた説話を事例とするために、「バルガンサンの物語」のなかの定番の類型である「王様をからかった」をあげたが、バルガンサンがからかう対象は決して王様だけではない。時には僧侶だったり、時には馬車やラバ車で草原をまわって商売をする漢人商人だったり、時にはずる賢い一個人だったりなど、その対象は様々である。要するに、バルガンサンが懲《こ》らしめる相手は階級や身分、人種に限定されておらず、無道徳的な行為を行う者ならすべてが懲らしめる相手となり得る。換言すれば、バルガンサンの行動は一個人の行動にすぎず、人をからかうことがバルガンサンの得意分野であり、そこには職業的な一面もみられる。

第三に、「バルガンサンの物語」には情操教育的な面がみられるということである。つまり、弱者を助ける思いやりや正義感など感情や情緒を育《はぐく》み、創造的かつ個性的な心を豊かにするためであり、子どもの道徳的な意識や価値観を養うことを目的とした「とんち話」でもある。だから、実話である必然性はなく、フィクション的な要素も入っており、

図11　モンゴル人によって描かれた王様とバルガンサン。両者の間には憎しみがない　*Š.Sodim-a2003,Balγansang-un üliger III:Wang noyan-iyer tohu-γurqaγsan-ni*より

繰り返し子ども向けの絵本や雑誌の題材となっているのである。

このように、バルガンサンと王様の対立はイデオロギーの対立ではない。一方、塞野版「馬頭琴」は「馬頭琴を弾くたびに、スーホのなかに王爺への憎しみがよみがえる」と終わっている。これはつまり、搾取階級への憎しみは忘れてはいけないものであるとの強調であり、その背後にはイデオロギーの対立がみられる。

参考として、次のところでは絵本シリーズ「バルガンサンの物語」の第三幕である「王をからかった」をあげておこう。

18 「バルガンサンの物語――王様《ワンノヤン》をからかった」

昔々、モンゴル草原には性格が横暴な上、自分は誰よりも賢く、何でも知っているという思い込みの強い王様がいた。

ある年、大地の神々を祀《まつ》るオボ祭祀が行われた。王様も豪華な馬車に乗って祭祀にやってきた。民衆は殿様の一行に向かって五体投地《ごたいとうち》（身を地面に投げ伏すこと）の礼を捧げた。それをみた王様は有頂天になり、偉そうに振る舞った。

そんな王様をみて、バルガンサンは仲間に向かって言った。

「みてごらん、今日は、あいつをたっぷりからかってやるから」

と、王様を指さした。

「やめてくれ、王様をからかうなんてとんでもないことだ」

と、仲間が慌てた。するとバルガンサンは言った。

「もし俺があいつをからかってやったらどうする？」

「俺の乗っている馬をやるよ」

と、一人が笑った。

祭祀が始まった。王様の一行もオボに向かって礼拝を行った。その時、バルガンサンは王様の家来たちの目を盗んで王様に近づいた。そして、隙をみて王様のお尻を全力で蹴った。

「痛いっ！　者ども、こいつを打ちのめせ」

王様は叫びながら跳ね上がった。王様の家来たちはすぐさまバルガンサンを捕まえた。するとバルガンサンは王様に向かって深く礼を捧げながら言った。

「偉大なる王様よ！　聞いてください。実は王様のお尻を蹴ったことにはわけがあるのです。私の母は不治の病に冒《おか》されています。どんな治療をしても治りません。そこである お坊さんに言われたのです。天のお尻を蹴れば、母の病気が治ると。王様は我々庶民にとって天のような存在であります。ですから、失礼だと重々承知しながらも仕方なく王様のお尻を蹴ったのでございます。お許しを」

バルガンサンの話を聞いて王様は、

「こやつは余《よ》のことを天だと言っている。そうだ、余はこやつらにとって天のような存在だ」

と、喜び、バルガンサンを罰しなかった。仲間は約束通り、馬を連れてきたが、バルガンサンは、

「冗談を言っただけ」

と、言って馬をもらわなかった。

祭祀の二日目、バルガンサンは仲間に、

「今日は、あいつを犬のように吠えさせてやる」

と、言って王様のゲルに向かった。

バルガンサンは王様のゲルの前で五体投地の礼をとった。そして大声で言った。

「偉大なる王様よ！　王様のお身体に触れたおかげで母の病状が軽くなってきました。ですから、王様にお礼を申し上げに参りました」

それを聞いた王様は大喜びし、バルガンサンをゲルに招き入れた。バルガンサンはさらに言った。

「恐れ入ります。もう一つお聞きしたいことがございますがよろしいでしょうか」

「なんだ？」

「実は私は一匹の雄犬を飼っています。ですが、ほかの家の雄犬はガンガンと吠えるのに、うちの犬はワンワンと吠えるのです。みんながお前のうちの犬は雄ではなく雌ではないかと言うのです。この世界で王様ほど聡明なお方はいらっしゃいませんので、ぜひ教えていただきたいのです。本当の雄犬はどんな吠え方をしますか」

自分のことを世界一聡明だと言われて有頂天になった王様は、犬の鳴き声を真似て大きな声で、

「ワンワン！　ワンワン！」

と、吠えた。

祭祀の三日目、バルガンサンは再び仲間に言った。

「今日は、あいつに犬の糞を食べさせてやる。あいつは何でも知っているように振る舞うが、本当は頭が空っぽだということを証明してみせる」

そう言ってバルガンサンは近くの売店から漢方薬と蜂蜜を買ってきて、それに犬の糞を混ぜ合わせ、きれいに包装した。そして、それを持って王様のところへ出かけた。

バルガンサンは王様に向かって言った。

「偉大なる王様にお礼を申し上げるとともに、もう一つお聞きしたいことがございます」

すると王様はすっかり笑顔になりながら言った。

「何でも聞いてごらん！」

「偉大なる王様よ！　私は病気の母のために漢方薬を購入しましたが、本当によい薬かどうか、誰もわかりません。これをおわかりになるのは王様だけでございます。一度お試しいただけませんか」

と、言いながら先ほどの小包を差し出した。

またも褒《ほ》められてすっかりいい気分になった王様は小包を手にした。そして、ゆっくりと封を開けて匂いを嗅ぎながら一口食べた。その瞬間、吐き気がしたが我慢しながら、

「これは！　これは非常によい薬だ」

と、言った。

王様が犬の糞を食べた話は瞬《また》く間に民衆の間に広まり、「肩書きはご立派だが、頭は空っぽだ」という笑いのネタが生まれた。

19　スーホは支配階級を憎んでいなかった

先ほど、「馬頭琴」には、王様が無産階級のスーホを見下すだけではなく、その馬を奪い、しかも立派な馬まで残酷に殺す「悪人」であると描くことによって、王様のような支配者・牧場主・富裕層は「搾取階級」という「悪」なので絶対に倒さなければならないという階級闘争の意味が込められていることを明らかにした。

では、なぜ「階級闘争」をする必要があったのか。ここでは、塞野版「馬頭琴」が創作

された一九五〇年代前後の内モンゴルの社会情勢をみることによって、その理由を探る。

近現代の中国・モンゴルの諸問題を多角的に研究している昭和女子大学のボルジギン・フスレの研究によれば、当時の内モンゴルの最高指導者であったウランフをはじめとする多くのモンゴル人政治家は、内モンゴルにおける民族構成や社会構造、階層構造、経済構造などが漢人の地域と異なるがゆえに、プロレタリアートは存在しないという立場を取っており、内モンゴルにおいて中国共産党が土地政策を行うことに反対していたという。

このように内モンゴルの指導者らが、牧畜地域にはプロレタリアートは存在しないという立場を取っていたことの背後には、モンゴル牧畜民特有の生活スタイルがある。すなわち、牧畜という生活スタイルにより、使用人は広大な草原を家畜とともに移動する生活を送っていた。それは少なくとも、白馬に跨《また》がって草原を自由に駆けるスーホのように精神的にも肉体的にも縛りがなく、自由な生活を送っていたことを意味する。

もちろん、共産党が言うようにモンゴル牧畜地域でも、支配者・牧場主・富裕層が多くの家畜を擁《よう》し、大勢の牧畜民を使用人として使ってはいたが、支配者・牧場主・富裕層も移動する生活を営んでいたので、使用人を毎日のように監視することは不可能だった。いわば共産党の政策と牧畜民のノマドロジー（牧畜的思想）が対立していた（図12）。

図12　内モンゴルの放牧社会（モンゴル人社会）における搾取階級を庇《かば》ったとされた最高指導者ウランフを風刺した漫画。文化大革命中に中国人によって描かれた一枚である。ウランフはモンゴルの伝統芸能を代表する英雄叙事詩の語り手の姿、「牧主」（搾取階級）とされたモンゴル人は民族衣装の帯に刀を差した獰猛な狼の姿で描かれている。ウランフが馬頭琴を弾きながら「空は蒼々《あおあお》と澄みわたり、原野は果てしなく広がる、風になびく草むらの隙間から牛や羊が見える、羊ばかり、羊ばかり、もう草原には狼がいない、狼がいない」と歌っている。漢詩「勅勒《ちょくろく》の歌」の替え歌である。この時期は伝統芸能、民族楽器や衣装などが封建社会の産物として扱われていた。この絵にもモンゴル人と中国人の間における文化的対立を垣間みることができる。『批展戦報』一九六七年七月五日付より
資料提供：楊海英氏

また、当時の民衆は本当に心の底から王様のような支配者・牧場主・富裕層らを憎んでいたのかと言えば実はそうでもなかった。「スーホの白い馬」にあるように、馬の長距離競走の大会で優勝した者を支配階級が花婿にするという話を聞いて、スーホに白い馬に乗って大会に出るようにすすめた周りのモンゴル人や、その話を聞いて迷わず大会に出場したスーホの行動には、支配階級に対する憎しみというより、むしろ憧れがみられる。一言で言えば、みんなが豊かな生活を夢見ていた。本当に両者の間に憎しみが存在していれば、スーホの周りの人々が、スーホに大会に出るようにすすめるわけがなく、スーホも参加するはずがない。

中国国内において一部の研究者が、チャハル地域のような純牧畜地域では「階級闘争はせず、牧場主の財産を分けず、階級区分をしない。牧畜民と牧場主双方に利益を与える」という三否両利政策を実施したとしているが、ボルジギン・フスレはこの説を否定している。それによれば、「スーホの白い馬」の舞台であるチャハル地域では、一九四六年から中国共産党の指導のもとで「土地改革」に着手したが、国民党軍の進攻によって中止に追い込まれた。そのため中国共産党は内モンゴル東部の農耕・半農半牧地域で「土地改革」を進めた。だが、一九四七年九月、内モンゴル共産党工作委員会は、六〇名あまりの幹部を中心に、三つの土地改革工作隊を組織してシリンゴル地域に派遣し、階級区分や牧畜配分、旧勢力に対する清算闘争を始めたという。これがのちに「牧畜改革（牧地改革）」と称されるようになったが、当時は、牧畜地域での「土地改革」として扱われていた。ちなみに、有産階級の財産である土地からメスを入れるという意味からすると、階級闘争と土地改革は表裏一体である。

国民党軍の進攻によってチャハル地域における「土地改革」が一時期中止されたことは事実だが、まもなく再開されていた。これについて著者の大叔母のハンダー（一九三三年生まれ）は「当時、私は一四歳でした。我が蘇木の総人口は二〇〇人にも満たなかったと思います。一九四八年の夏、六人もの金持ちが殺されました。一人を馬で引っ張って殺し、三人を今のブリド寺の前で銃殺したのを私はこの目で見ました。その後、殺された金持ちの財産を大衆に分配しましたが、我が家は靴一足しかもらっていません。近所のモンゴル人も民族衣装やその材料、茶碗しかもらっていません。漢人は自分たちに必要のないものだけをモンゴル人に配ったという印象でした。あれほどたくさんの家畜、宝石や金銀食器がどこにいったのか。その答えは明らかでしたが、誰も追及することはできませんでした。みんなが何かに怯える日々を送っていましたから」と証言している。

20 「階級闘争」の狙いとは

では、なぜ中国共産党が牧畜地域において土地改革を行う必要があったのか。端的に言えば、共産党を主導とした漢人たちは、草原で畑を耕す土地が欲しかったのである。

当時、モンゴル牧畜民は私有の牧草地を持っていなかった。もともと、四季折々、周期的に家畜とともに移動する生活を営んできた牧畜民には、牧草地を私有化するという概念すらなかった。のちに牧草地を巡る争いや多民族による支配のなかで、家畜を放牧する範囲が決められるようになったが、それでも牧草地は私有地ではなかった。彼らに言わせれば、モンゴル草原はモンゴル人が共同で所有するものである。支配階級も同じように考えていた。

支配階級の多くは巨万の家畜を擁し、特権を握っていたことは確かであるが、彼らは地域の象徴としての存在でもあった。彼らを中心として、例えば「チャハル人」「ウジムチン人」といった地域のアイデンティティが確立されていた。その意味で支配階級はその地域の人々の精神的な支えでもあったのである。また、彼らは教育を受ける機会にも恵まれていたので、進歩的な考えを持つ者も多く、社会の頭脳でもあった。その代表的人物が、第二章でも触れた徳王ことデムチュクドンロブ王である。少なくとも個人の財産を守るという意味で、番犬のようにモンゴル草原に侵入してくる漢人農民を草原から追い出し、軍隊を率いて盗賊とたたかった者も多かった。もちろん、ごく一部の腐敗した上流階級が無断で草原を売買したこともあったが。

畑を耕すため草原の土地を欲した漢人農民や、活動の基盤を拡大したい中国共産党にとって、これらの「番犬」は目障りだった。力で抑えつけることは簡単だったが、「番犬」を殺してしまえば、モンゴル人の心をつかむことができなくなる。そこで考えたのは、あいつら（支配階級）のせいでお前らが貧しくなったなどと、貧しいモンゴル人を煽《あお》り、彼らを使ってモンゴル草原の「番犬」を倒す方法である。当時、モンゴル草原では、個人の家畜を持たない、つまり貧しい牧畜民がいたが、彼らの多くは自然災害などで家畜を失った者である。なかには、怠慢などにより貧しくなった者もいたが、他人に搾取されて貧乏になった者はいなかった。というのも、当時は今と違って人口も密集していないし、放牧範囲が広く牧草も豊富だったので、人が手間ひまをかけなくとも家畜が自然に増える環境や条件が揃っていたのだ。

話は戻るが、草原の「番犬」を倒してしまえば、モンゴル草原を大衆、つまり、侵入者である漢人農民にも分け与えることができる。これがいわゆる「土地改革」、つまり牧畜地域で行った「牧畜改革」の狙いであった。そのために、民衆を煽る必要があったし、自分たちがやっている「正義」を正当化する必要もあった。

ところが、四季折々、周期的に家畜とともに移動する自由な生活を好む牧畜民は、共産党の宣伝にあまり反応しなかった。彼らは政治には無関心な民だった。それに広大な草原に散らばるように生活する牧畜民に向けて宣伝活動を行うことは、共産党にとっても困難であった。ボルジギン・フスレによれば、シリンゴル盟では、「牧畜改革」の運動は、最初からうまく進まなかった。ほとんどの牧畜民は、工作隊の呼びかけに応じず、協力しなかった。そこで、牧畜民のなかから数人の積極分子を捜し出し、数十キロ、さらには一〇〇キロ以上も離れたところに分散して居住する牧畜民を集め、貴族、僧侶等の封建勢力を打倒し、牧畜民は自ら放牧する家畜を所有すべきだという「理論」を宣伝し、牧畜民の階級意識を高める思想教育を行ったという。そこで登場したのが、モンゴル人がよく知っている民話や民謡を使っての共産主義のプロパガンダである。人々の生活のなかに浸透している民話や民謡を用いれば抵抗される心配がない上、宣伝効果も抜群だったからである。

「馬頭琴」という物語は、このような政治的・思想的イデオロギーの対立を背景にして、内モンゴルの草原のような牧畜地域にも、王様のような支配者・牧場主・富裕層がいれば、スーホのような貧しい羊飼いがおり、階級は存在する、という社会主義的発想に煽られて作られたものなのである。

21 「スーホ」という名前が象徴するもの

すでに述べたように塞野版「馬頭琴」の主人公「蘇和」は、モンゴル語の「スフ」(süke)の当て字であり、中国語のウェード式の音が「スーホ」である。「スフ」は日本語では「斧」と訳されることが多いが、モンゴルで一般的に使われている「スフ」とは、片端が斧のように尖《とが》っていて、もう一つの端が金槌《かなづち》のように平たくなっており、薪《まき》を割ったり釘を打ったりする、斧と金槌の両方の役割を果たす道具を指す。その形状にちなんで「タル・スフ(片斧)」と呼ぶこともある。モンゴルでは樹木を伐採する斧より小さく、金槌より大きいものがよく使われている。梅棹が、一九四四年九月から四五年二月にかけて内モンゴル中部のチャハル盟とシリンゴル盟で実施したフィールド調査中に描いたスケッチのなかにその絵がある。それによれば、刃が一八センチ、柄が二〇センチだという(図13)。

ところで、周知の通り、中国を含む世界の共産主義国家の党旗の多くは、紅い色を背景に黄色い鎌と槌の絵が描かれている。鎌は農民の象徴であり、槌は無産階級であるプロレタリアートの象徴である(図14)。

モンゴル語では、鎌のことを「ハドール」といい、槌のことを「アルハ」と呼ぶが、先述のように「スフ」には槌の役割もあり、四季折々、周期的に家畜とともに移動する牧畜民は、生活道具を減らすために日常生活のなかで「アルハ」と「スフ」の両方を所有することは稀であり、両者を同じ物として、槌も「スフ」と呼んだりする。このことは梅棹がフィールド調査の中で描いたスフのスケッチと、共産党の党旗にある槌がほぼ同じ形をしていることからもわかる。

モンゴル人がスフとアルハを明確に区別しなくなったことには、次のような説もある。

清国第六代皇帝の乾隆帝《けんりゅう》(在位一七三五年～一七九六年)の時代、シリンゴル盟のウジムチン地域にマッガ・ソッガという王様がいた。「マッガ」はモンゴル語の「肉」を意

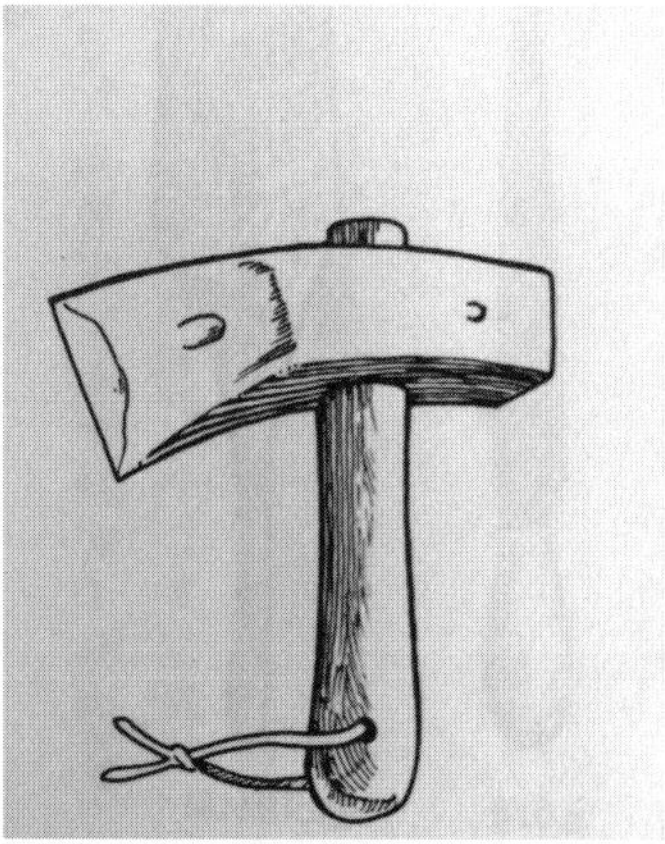

図13　モンゴル人が日常生活の中で使用しているスフ（斧）。日本における文化人類学のパイオニア的存在である梅棹忠夫が描いたスケッチである。論攷「モンゴル遊牧図譜」『梅棹忠夫著作集』第2巻（中央公論社、一九九〇年）所収

図14　共産党の党旗

味する「マハー」と音が近く、「ソッガ」は「斧」を意味する「スフ」と音が近い言葉である。モンゴル人は昔から、民衆はその王公や高僧、妻はその夫、子どもはその親の名前を口にすることを禁じてきた。ゆえに、民衆はウジムチン王に敬意を払うために、日常生活のなかで「肉」を「マハー」ではなく「イデー」、「斧」を「スフ」ではなく「アルハ」と呼ぶようになったという。

このこともあり、「スーホの白い馬」の舞台であるシリンゴル盟を中心とする一部の地域では、今日も「斧」を「スフ」ではなく、「アルハ」と呼んでいる。

本題に戻るが、塞野版「馬頭琴」で主人公の名前が「槌」を意味する「スフ」と命名されたことは偶然ではなく、王様に馬を奪われた牧童を「無産階級」の代表として表現する寓意《ぐうい》が込められている。実は、一九五〇年前後生まれの世代には、例えば、アルハ・スフ(槌斧)、ウラン・オド(紅い星)、ウラン・トグ(紅い旗)といった、共産主義のシンボルにちなんだ名前が目立つ。生まれてくる子どもはもちろん、大人、特に共産主義に賛同した大人たちは、共産党革命委員会の指示により強制・半強制的に名前を、このような「進歩的かつ革命的名前」に変えられていた時代であった。私の親族にもこのような人が多い。

なかでも、内モンゴルの最高指導者であったウランフの本名は雲澤《ヨンザ》であったが、社会主義の影響を受けて「紅い息子」を意味するウランフに変えたことは有名である。あるいは、モンゴル人民共和国（現・モンゴル国）の建国の父の名も「スフ・バートル」（斧の如き英雄）である。

これらのことから考えると、主人公の名前が「槌」を意味する「スフ」とされたことは、偶然ではないことがわかる。もちろん、斧のように硬く、何事にも負けないでほしいという意味を込めて、我が子に「スフ」という名前をつけた親もいただろうが。

このように「馬頭琴」には、複数のモデルを合わせて一人の人物像を作り上げる手法が用いられている。すなわち、スーホは「一人の牧畜民」「心優しい少年」「貧しい少年」「無産階級」「支配階級への憎しみに燃えながら闘争の仕方がわからない立ち後れた人」といった複数の顔で描かれているが、日本人の多くはスーホ＝心優しい少年として享受《きょうじゅ》してしまったようである。

22　創作文学「馬頭琴」に隠された思想

次に、「馬頭琴」ならびに「スーホの白い馬」を以下に示す三点から考察することによって、物語の背後に隠された思想についてさらに詳しくみてみよう。

第一に、スーホが暗闇の草原で子馬を見つけたことに注目したい。先にも述べたように、「馬頭琴」ならびに「スーホの白い馬」の冒頭には、スーホが「ぐんぐんくらくなってくる」草原で生まれたばかりの子馬を見つけ、その子馬が狼の餌食にならないようにかかえて帰る場面がある。しかし、すでに述べたようにモンゴル牧畜民は「ぐんぐんくらくなってくる」まで羊を草原で放牧しない。それは、羊は暗くなるとその場で群がり、鞭を打っても動こうとしない性質があるし、もし草原で一夜を過ごしたら、それこそ群ごと狼の餌食になるに違いないからである。

では、なぜこのような場面があるのか。この場面には物語の段取りとしての役割があるが、次に示すような意図もあると考えられる。つまり、小さな命を夢と希望の光として捉えることは万国共通の認識である。この考えからすれば、「スーホがぐんぐんくらくなってくる草原で生まれたばかりの子馬を見つけた」ことは、無産階級のスーホが暗い草原から小さな希望を見つけたことを意味している。ここでいう「くらい草原」は「くらい社会」を指している。また、「子馬が狼の餌食にならないようにかかえて帰った」ことは、その希望の光を悪人の手に渡さなかったことを意味し、「狼」は「悪人」を指している。139ページの図12で搾取階級とされたモンゴル人が民族衣装の帯に刀を差した獰猛な狼の姿で描かれているのもこのためである。

そして、子馬はスーホのおかげで立派な白馬に成長し、モンゴル封建社会における伝統行事である、馬の長距離競走大会で優勝する。このことは、無産階級のスーホが見つけた小さな希望が叶《かな》い始めたことを意味している。しかし、支配者に白馬が奪われてしまい、スーホの希望が消えかける。

第二に、白い馬が支配者を振り落としたことに注目したい。多くの文化において、白色は清らかさを象徴する色である。この考えからみれば、白馬も清らかさの象徴となる。建国当初の中国では、「無産階級」は「清らか」であり、「善」であると賛美されていた。逆に言えば、王様・殿様のような支配者・牧場主・富裕層は「醜い」とされ、「悪」になるというわけである。つまり、「清らかな白馬」と「清らかな無産階級であるスーホ」の間には、愛と友情の物語が生まれるが、「清らかな白馬」と「醜い支配者」の間には憎しみしか生まれないのである。それゆえに、白馬は支配者を力強く振り落として逃げ、支配者は白馬を残酷に殺すという展開で描かれている。換言すれば、無産階級が手に入れた希望の光が「悪」である支配者によって消されてしまうが、死んだ白馬がスーホの夢のなかに現れて、スーホに馬頭琴の作り方を教え、そして、スーホが作った馬頭琴が草原中（世のなか）に響き渡るという、新たな夢と希望が生まれるのである。

ところで、この物語が共産主義思想と何らかの関係があるならば、「スーホの白い馬」ではなく「スーホの紅い馬」にした方がより説得力が出るのではないか、という疑問が出てくるかもしれない。簡潔に説明すると、この世に実際に紅い色の馬は存在しないだろうし、少なくともモンゴル語の語彙《ごい》には「紅い馬（ウラン・モリ）」という言葉がない。また、共産主義の紅い色は血を象徴としているので、紅い馬と支配者では善と悪の対立にならないのだ。

第三に、塞野版「馬頭琴」では、馬の長距離競走の開催場所が「喇嘛《らま》廟」になっていることに注目したい。第一章の表1に示したように、日本語の「スーホの白い馬」では、馬の長距離競走の開催場所は「町」だが、塞野版「馬頭琴」では「喇嘛廟」になっている。

しかし、地域で最も権力のある王様が、優勝者を花婿にするという、ある意味において私的な祭りを、王宮以外のところで開くことは考えにくい。

ボルジギン・フスレによれば、当時は、封建的首領や牧場主、富裕牧畜民にならんで上層僧侶だけではなく、封建勢力の手先とされた者、バイダ（貴族の執事）、ダハラ（旧政権の役人）なども糾弾《きゅうだん》対象に含まれていた。このことから考えると、塞野版「馬頭琴」で、馬の長距離競走の開催場所を「喇嘛廟」にしたのは、偶然ではなく、僧侶も王爺のような「搾取階級」なのだという意図が含まれていると思われる。これについて梅棹は「ラマ寺院は民衆からの寄進によって、しばしば大家畜群所有者であった。それを搾取ととらえる見かたもあるが、その家畜群は家畜預託制度によって、多数の零細牧民層をうるおしていたのである」論攷《ろんこう》「回想のモンゴル」（『梅棹忠夫著作集』第2巻所収）と指摘している。

これらの隠喩について著者が塞野本人に確認したところ、彼は「あなたは鋭い。おおむね正解です。あれはロシア文学の影響だと言うことができます。あなたたちはロシア人の作家マクシム・ゴーリキーの「海燕《うみつばめ》の歌」は知っていますか。嵐の直前、稲妻と雲の間を誇らしく飛ぶ海燕の姿から、プロレタリア革命が到来することを予言した、あの有名な散文詩です。当時、作家たちの間で、ロシア文学の手法を真似する動きがありました」と答えている。

　以上のように、様々な視点から創作文学としての「馬頭琴」に隠されたメッセージをみてきたが、「馬頭琴」の結末をみれば、その理由がわかる。つまり、「スーホの白い馬」と違って、塞野版「馬頭琴」の結末には、「馬頭琴を弾くたびに、スーホのなかに王爺への憎しみがよみがえる」（図15）と明記している。結びの部分で「搾取階級への憎しみは忘れてはいけない」と強調していることから、これが、この物語の主眼であることがわかる。

　つまり、「馬頭琴」は、単なる白馬と主人の間における愛と絆の物語ではなく、モンゴル民話をもとに特定の時代や社会及び政治思想を背景とした勧善懲悪《かんぜんちょうあく》をストーリーの骨子となし、無産階級のスーホを「善役」、有産階級の殿様を「悪役」として創作された階級闘争の文学なのである。

図15-1　中国人によって描かれたスーホ。怒りや憎しみに満ちた表情が際立つ。下に「馬頭琴を弾くたびに、スーホのなかに王爺への憎しみがよみがえる」と書かれている。『蒙古族民間故事選』より

図15-2　階級闘争を呼びかけたポスター。横に「全世界の無産階級よ立ち上がろう」と書かれている。1と2は雰囲気的に非常に似ている

第三章　プロパガンダにゆがめられた民族文化

本章では、塞野《セーイエ》版「馬頭琴」が作られた年代において、プロパガンダとして利用されたモンゴル民話や民謡を取り上げながら塞野版「馬頭琴」を取り巻く政治的、社会的背景をより具体的に示したい。そして、その延長線とも言える今日の市場経済下において、「スーホの白い馬」同様に文化的資源として利用されているモンゴル文化の実態を、ベストセラー小説『狼トーテム』を事例に再検討する。

また、日本でも報道されている、家畜の過度な増加が環境破壊をもたらしたという俗説や、エコ・エネルギーとして持ち上げられている風力発電用の風車がもたらした新たな悲劇、石炭採掘による地下水源の枯渇の実態を取り上げる。俗説を報道することは文化的ジェノサイドに加担する行為である。

1　社会主義国家で生き延びるための文学芸術

塞野版「馬頭琴」が作られた背景には、社会主義リアリズムがあることも忘れてはいけない。先述のように一九五三年九月二三日から一〇月六日まで開かれた中国文学芸術工作者第二次代表大会において、社会主義リアリズムが中国における文学芸術の創作と批評の最高の基準であると中国共産党によって公式に規定された。また、社会主義国家では、国家公認のプロの作家や音楽家になるには、政治的プロパガンダも行わなければならなかったし、相次ぐ政治運動の荒波のなかで生き延びるためにも、それが必要不可欠であった。それゆえに、この時期の文学芸術作品は政治的色合いが濃かった。大衆になじみのある民話をもとにしたプロレタリア文学や、民謡をもとにした共産党や毛沢東を賛美する歌などが数多く作られた。

民話をもとにしたプロレタリア文学の代表作ともいうべき作品は、内モンゴルの著名な作家であるア・オドスルが一九六二年三月に発表した「アルマスの歌」という短編小説で、アルマスとはモンゴル相撲の力士の名前である。ア・オドスルは一九四七年に中国共産党に入党したベテラン党員であり、先述した「内蒙文聯」の副主席を五期にわたって務めた人物である。また、中国作家協会理事、当協会内モンゴル分会の主席などの多くの肩書きを持つ内モンゴルの作家界を代表する人物であり、まさに時代の寵児《ちょうじ》であった。

この作品は、魯迅の『阿Q正伝』と並んで、内モンゴルのモンゴル語で教育を行っている中学校一年二学期の国語教科書『ヘル・ビチッグ（語文）』に長年掲載されていた。

2　プロレタリア文学の代表作「アルマスの歌」のあらすじ

ここで「アルマスの歌」のあらすじを紹介する。

内モンゴルのバイリン地域に超人的な体力を持つアルマスという貧乏な若者がいた。春のある日、バイリン地域を治めている王が子馬に焼印を押し、三歳の雄馬を去勢する年中行事を開いた。その行事にアルマスも参加した。行事の責任者が超人的な体力の持ち主であるアルマスを見つけ、彼の力を貸してもらおうと思い、ついでに王の馬群の象徴となる種馬のたてがみもトリミングすることにした。その種馬はそれまでに誰もがその体に触ることすらできなかったほどの荒馬であり、責任者の予想通り、種馬を捕まえようと若者たちが悪戦苦闘していた。それを見ていたアルマスが隣にいた若者の馬を借りて種馬を追いかけ、追いつくや否や種馬の尻尾をつかんで投げたが、勢い余って種馬を殺してしまう。怒った王はアルマスを逮捕するが、アルマスが意図的に種馬を殺していないとわかっていた民衆が夜中にアルマスを逃がす。

アルマスは年老いた母親を背負って遥か遠くのウジムチン地域へと逃げる。途中、漢族の居住地域への買い出しから戻る東ウジムチン地域の隊列と遭遇する。隊長はフデルチョルという元力士であった。フデルチョルはアルマスを隊の一員として迎える。

ある晩、武装した山賊が隊列を襲う。アルマスは本物の拳銃を持った山賊は一人だけで、あとは偽物の銃か、刀や木刀だけであることに気づき、隙を見て山賊から拳銃を奪い取り、山賊を次々と倒す。そのことをきっかけにフデルチョルは超人的な身体能力の持ち主のアルマスにモンゴル相撲を教える。

三年後の夏、アバガ地域の王が全シリンゴル盟《アイマグ》を治める王になったことを祝うナーダムという伝統的な夏祭りが草原で開かれた。ナーダムの慣例行事はモンゴル相撲である。アルマスはモンゴル相撲の大会に応募するが、相撲用のブーツを買う金が足りない。ナーダムの会場にある漢人商人の店で後払いの交渉をするが断わられ、仕方なくその店の商品を運ぶ仕事を手伝い、足りない分を稼ぐことにする。

ところが、漢人店長に「牛車ではなく、自分で担ぐならバイト代を減らす」と言われ怒ったアルマスは「牛車で運ぶ量を担いだらこのブーツの代金をただにするのか」と店長と賭けをする。そして体力に自信のあるアルマスは、見事に賭けに勝ち、ブーツを手に入れる。

翌日から相撲大会が始まった。各地から集まった五一二名の力士からなるトーナメント戦でアルマスは相手を次々倒し、三日目には上位八位に上がってきた。アルマスを脅威とみた王は家来を派遣し、「王専属力士には負けてやれ」と命令をするが、民衆は貧しい若者のアルマスを応援する。アルマスは民衆の応援に応え、決勝戦まで勝ち続ける。怒った王は専属力士に鋭い金属の棘《とげ》が付いた特注の相撲着を作って着せた。両者がぶつかるたびにアルマスの手足が血まみれになるが、アルマスは激痛をこらえて王の力士を投げて優勝する。

相撲大会後、王の家来がアルマスのもとにやってきて、彼に「王の専属力士になるように」という王の命令を伝えるが、彼は「それは貧しい牧畜民《マラチン》の子でしかない私にとって身に余る話だ」と断り、優勝賞品を馬に交換して会場を後にする。夜通し真っ暗な草原をどことなく走り続けたアルマスがふと空をみれば、明け方で空が薄明るくなっていた。彼は方角を定め、「俺の家はあっちだ」と呟《つぶや》いて、手綱を引き、向きを変えて馬を走らせた。

このように、「アルマスの歌」には、無産階級のアルマスと支配層である王の間における対立が生々しく描かれている。しかし、文化大革命が始まると、アルマスが王だけではなく、モンゴル草原で商売を営む漢人商人とも対立したことや、物語の最後にアルマスが馬の向きを変えて「俺の家はあっちだ」と馬を走らせた先は、モンゴル人民共和国（現・モンゴル国）であり、そこには「祖国を裏切る民族分裂主義が秘められている」と解釈され、非難された。

3　「アルマスの歌」の題材となった民間伝承

ア・オドスルはモンゴルの民間伝承「バイリン・ブフ（バイリン地域の力士）」をもとに「アルマスの歌」を作ったとされている。研究者のソドナムは『鑑賞文学作品一〇編』（内蒙古教育出版、一九八五年）のなかで「「アルマスの歌」を詳しく分析した上で、内モンゴル作家界の重鎮《じゅうちん》であるア・オドスルへの配慮をみせる形で、次のように指摘している。

本作品はモンゴル民族の優れた文化や伝統に基づいて書かれたものである。古来、正義や正義のために戦う勇気を重んじるモンゴル人は、書物もしくは口伝のなかでその理想像を作り上げてきた。民間伝承「バイリン・ブフ」はその一つである。

ソドナムは、「アルマスの歌」は民間伝承「バイリン・ブフ」に基づいて書かれたものであるとは明言しなかったものの、そのようなものであると遠回りに指摘している。では、モンゴルの民間伝承「バイリン・ブフ」はどのような物語であったのか。そのあらすじをみてみよう。

ある年、ウジムチン地域の王が五〇歳の誕生会を兼ねてナーダムという夏祭りを催すこととなり、モンゴル各地の王を祭りに招聘《しょうへい》した。ナーダムの重要な種目はモンゴル相撲である。

バイリン地域の王は、ウジムチン王の誕生会に豪華な土産を贈る傍《かたわ》ら、バイリン・ブフという貧困層出身の力士も派遣してきた。モンゴルでは、王自身が主催する祭りでほかの地域の力士が優勝することは、王の名誉や地域のプライドを傷つけることになる。ゆえに、ウジムチン王は、相撲大会の日程を遅らせてバイリン・ブフを倒せる力士を探す。だが、バイリン・ブフを倒す力士は現れなかった（図16）。

怒ったウジムチン王はバイリン・ブフの殺害を企む。だが、自分の手は汚さずに殺害しなければならない。そこで帰りの荷物を運ぶようにと、バイリン・ブフに人肉が好きな獰猛《どうもう》な牛を与えるが、彼はその牛を見事に大人しくさせてしまう。するとウジムチン王は二頭の獰猛な駱駝《らくだ》を与える。その一頭が何でも押し潰す駱駝で、もう一頭は何でも飲み込む駱駝なのだが、バイリン・ブフは二頭とも殺してしまう。怒り狂ったウジムチン王は兵隊を派遣し、自分たちが殺したことがバレないように、バイリン・ブフがウジムチン地域の境界線を越えたところで射殺してしまう。

このように民間伝承「バイリン・ブフ」は、モンゴル相撲を巡る地域間の対立を描いた物語であり、そこに人肉を好む牛や獰猛な駱駝が登場するなど、フィクション的要素が強

図16　民間伝承「バイリン・ブフ」の挿絵。一九五〇年代に出版された書物ゆえに、この挿絵にも当時の風潮であった「階級闘争」の精神がみられる。すなわち、貧困層出身のバイリン・ブフ（無産階級）の勝ち方が非常に派手である反面、ウジムチン王の専属力士（支配階級）の負け方が非常にみじめに描かれている。『馬頭琴——内蒙古民間故事』より

いものである。ウジムチン地域とバイリン地域は内モンゴルのなかでは、モンゴル相撲が強い地域であり、今日においてもモンゴル相撲を巡って両地域が対立することがたびたびある。モンゴル国においても、「バイリン・ブフ」同様にモンゴル相撲を巡る地域間の対立を描いた、ダライ・チレンという力士が主人公の『ガルディ・マグナイ』（書名は、モンゴル相撲の名力士に与える最高の称号）という小説がある。これもまたモンゴル国の著名な作家スルンジャブ（SH. Surenjiav）が民話をもとに書いた小説であり、一九八三年にモンゴル国において映画化されている。

「アルマスの歌」に比べると「スーホの白い馬」にはモンゴル遊牧民の生活風景が多く描写

されており、内容も感動的である。しかし、「スーホの白い馬」はモンゴル語の教科書に掲載されるどころか、内モンゴルではほとんど知られていない。「アルマスの歌」が教科書に掲載されていた理由としては作者ア・オドスルが著名な作家にして共産党員であることが関係していると考えられるが、「スーホの白い馬」が無名な理由は、これまで述べてきたその原話である塞野版「馬頭琴」が、社会主義的発想のもとで中国人作家によって書き足されたがゆえに、モンゴル文化に反する場面が多くみられるからであろう。

4　共産党の「賛歌」に変身したモンゴル民謡

モンゴル民謡をもとに作られた、共産党や毛沢東を賛美する歌は数多くあるが、なかでも、満洲族出身の共産党シンパ歌手である胡松華《ホーソンファ》が一九六〇年代から歌っている「賛歌」は代表作とも言える。この歌は建国記念式典など中国の重要な記念式典で長年にわたって歌われている名曲である。

一九五八年三月に開かれた「成都会議」（八日～二六日）において、毛沢東は大躍進運動推進の一環として大々的な民歌＝民謡の創作と収集を提案した。それを受けて、一九五八年四月九日、中国共産党の機関誌である『人民日報』に「今すぐ民歌を集めよう」という記事が掲載された。その「民歌は社会主義の理念を各民族の人民に意識させる最も有効な手段である」という部分が発端となり、「新民歌運動」が行われたのである。

岡益巳によれば、新民歌運動においては、毛沢東の意を受けた党幹部が民衆に対してその創作を強要し、収集した民歌はすべてが毛沢東や党や祖国を讃《たた》え、大躍進政策や人民公社化を賛美したものである。のちの文化大革命中にも、文革や毛沢東を賛美した民間歌謡が御用文人の手によって、あるいは党の意を汲《く》んだ「革命的」な労働者、農民、兵士によって多数創り出された。岡益巳はまた文化大革命末期に出版された中央民族学院編『少数民族詩歌選』には、民歌八三篇を含む二一五篇の詩歌が収録されているが、そのうちの一五四篇において「毛主席」あるいは「毛沢東」という言葉が使用されていると指摘している。（論攷「開放政策下の流行り謡の特徴」『岡山大学経済学会雑誌』（28）所収、一九九七年）

5 「賛歌」の歌詞

胡松華の「賛歌」は、先に述べた社会主義リアリズムや、この新民歌運動のなかで生まれたものである。「賛歌」の歌詞は次の通りである。

草原から天安門広場にやってきて
金杯を高く掲げて賛歌を歌おう
偉大なる共産党に感謝し
毛主席の長寿を祝福する
光り輝く朝日の如く
我らの祖国は東洋にそびえ立った
各民族の兄弟同士が一堂に喜び集い
我らの自由を祝おう
（繰り返し）A―Ha―Ha―Ha　A―Ha―Ha―Ha

草原から天安門広場にやってきて
金杯を高く掲げて賛歌を歌おう
偉大なる共産党に感謝し

毛主席の恩愛は海のように深い
光り輝く朝日の如く
我らの祖国は東洋にそびえ立った
各民族の兄弟同士が一堂に喜び集い
我らの自由を祝おう
（繰り返し）A―Ha―Ha―Ha　A―Ha―Ha―Ha

草原から天安門広場にやってきた
金杯を高く掲げて賛歌を歌おう
香り漂う美酒、咲き乱れる花
心の底から歌い出す情熱
光り輝く朝日の如く
我らの祖国は東洋にそびえ立った
各民族の兄弟同士が一堂に喜び集い
中華民族の「自決」と未来を讃える

（繰り返し）　A―Ha―Ha―Ha　A―Ha―Ha―Ha

この歌詞には、偉大なる共産党や毛沢東のおかげで、光り輝く朝日のような祖国が誕生したことを、モンゴル人が心から喜び、祝っているように描かれている。今日では、この歌がモンゴル民謡をもとに作られたということを知る人も少なくなり、音楽関係者のなかにも胡松華の作品だと認識している人が多いという。ある意味、この歌は大衆の心に深く浸透していると言える。

6　プロパガンダの材料にされる民話や民謡

「賛歌」は、作曲を「モンゴル民謡」、作詞を「胡松華」と記しているように、内モンゴル中部のウジムチン草原の民謡である「ホン・ガロー（白鳥）」のメロディーに、胡松華が自作の歌詞を付け、サビとも言える繰り返しの部分に、同じくウジムチン草原のオルティン・ドー（と呼ぶ長唄）の「サロール・タル（果てしない草原）」という曲の一部を付け加えたものである。

オルティン・ドーは、日本民謡の「追分《おいわけ》」と似ていて、小節をきかせた、哀調を帯びた旋律が特徴的なモンゴルの古典歌謡である。日本の「追分」のルーツとする説もある。

では、この「賛歌」の元歌である「ホン・ガロー（白鳥）」と「サロール・タル（果てしない草原）」はどのような歌だろうか。まず、内モンゴルの著名な歌手ア・バヤルが歌った「ホン・ガロー」の歌詞をみてみたい。

ハクチョウは空を高く飛んでも
その鳥影は地面に映るばかり
あなたは遥か彼方へ行っても
いつも胸のなかで微笑むばかり

過ぎし日を振り返るとあなたの言葉が心に響き
その姿は目に映じるばかり
春になり渡り鳥が戻ってくるが
あなたはなぜまだ来ないのか

故郷の彼方より
あなたの言葉が響き
遠方へ行ったあなたの
面影は目に映じる

地平線の彼方に
蜃気楼《しんきろう》が見える頃
旅立ったあなたのことが
なおさら恋しくなる

この歌詞には「賛歌」にあるような偉大なる祖国、親愛なる共産党や毛沢東への感謝は当然みられない。モンゴルの青空を飛ぶ渡り鳥を眺めながら愛《いと》しい人の帰りを待つ純粋な恋の歌である。

次に、内モンゴルテレビ局芸術団の著名なオルティン・ドー歌手ジャゲドスロンが歌った「サロール・タル」の歌詞をみてみたい。

果てしない草原の
沼地のことを知らずにいた
心優しいあなたの
心の奥を知らずにいた

この歌にも政治思想はまったくみられず、ウジムチン民謡の「ホン・ガロー」同様に純粋な恋愛の歌である。

ところで、この「ホン・ガロー」という民謡は、内モンゴル東部のホルチン草原では、「ジンユルマー」（女性名）という曲目でも歌われている。「ホン・ガロー」とタイトルや歌詞は異なるもののメロディーは完全に同じである。このように地域によってタイトルや歌詞が異なることは、民謡にはよくあることである。

参考として内モンゴル・ホルチン草原の若手歌手、白玉花《バイユイファ》と人気グループの「黒駿馬《ガンガンハル》グループ」が歌った「ジンユルマー」の歌詞をみてみたい。

主を待つ駿馬が興奮気味に嘶《いなな》く
裏山の谷間で戦いが起きているようだ
両目のまぶたがぴくぴくする
幼《いとけ》ないジンユルマーが噂をしているかしら

乗り馴らしている三歳馬が興奮気味に嘶く
表山の谷間で戦いが起きているようだ
両目のまぶたがぴくぴくする
美しきジンユルマーが噂をしているかしら

この歌詞にも特定の思想はみられない。先の「ホン・ガロー」とは、歌詞が異なるものの、遥か彼方にいる恋人のことを恋しく思う愛の歌という意味では同じである。

歴史的にみれば、第二次世界大戦中の日本を含め、多くの国々で文学や芸術を活用したプロパガンダを行うことはよくあった。しかし、すでに民衆のなかに浸透していた民話や民謡をプロパガンダの材料として作り直す点で中国は大きく異なる。また、国威発揚というより、国内の各少数民族向けに行ったという点も特徴的である。これは今日の中国において「愛国主義教育」という形で引き継がれることとなった。

社会主義国家である中国においては、民衆によって作られ、民衆のなかで伝承されてきた民話にしても、民謡にしても、結局のところは、政治的事象のなかに存在し、政治的事象の変転のなかで捉えられるのが運命である。「スーホの白い馬」の原典である塞野版「馬頭琴」も例外ではなかった。ただし、「馬頭琴」はモンゴル民話をベースにしているがゆえに、プロレタリア文学特有の紋切り型のストーリーに完全にはまった作品ではなく、原典であるモンゴル民話の本来の面影とでもいうべき文化的側面が活かされていることが唯一の救いであったと言えよう。

7　中国映画『狼トーテム』で歪曲して描かれたモンゴル文化

近年、中国で異例のベストセラーとなった小説がある。姜戎《ジャンロン》の『狼圖《トー》（図）騰《テム》』（長江文芸出版社、二〇〇四年）である。日本では、二〇〇七年に講談社から『神なるオオカミ』（唐亜明・関野喜久子訳）というタイトルで出版された。トーテムとは、個人や集団が超自然的関係で結ばれた動植物や自然物を指す。

著者の姜戎は文化大革命中、内モンゴル草原に下放《かほう》された時の体験に基づいて、この作品を描いたとされている。下放とは、文化大革命中、毛沢東によって行われた思想教育であり、都会の青年を地方に送り、肉体労働をさせることによって思想を改造し、社会主義国家の建設に協力させることを目的とした政治運動である。著者の姜戎は一九六七年にシリンゴル盟のオロンボラグ草原に下放され、そこで一〇年ほど生活した。

小説『狼トーテム』の販売部数は中国では異例の五〇〇万部が売れ、海賊版を含めると一六〇〇万部に達する大ベストセラーとなった。これまで三〇種類の言語に訳され、一一〇の国や地域で販売されたという。そして、フランス人映画監督のジャン＝ジャック・アノーの監督のもとで総製作費七億元（約一一四億円）（人民網日本語版、二〇一三年七月二日）を投じて映画化され、二〇一五年の二月（日本では二〇一六年一月）に公開された。

インターネットやスマートフォンのコミュニケーションアプリの普及もあって、映画『狼トーテム』は、公開されたとたん様々な物議を醸《かも》した。その反響は小説より大きかった。中国のマスコミが映画の公開を大々的に報じ、ひたすら賛美するなか、モンゴル人のこの映画に対する態度は非常に冷静だった。はっきり言うと、この映画は多くのモンゴル人に大変不評だった。私もこの映画を初めてみた時、強烈な違和感を覚えた。これは私が知っている「モンゴル」ではないと思ったシーンもある。それは、この映画が私たちモンゴル人の美的感覚に合わなかったのではなく、歴史的事実を歪曲《わいきょく》した部分があまりにも多かったからである。もちろん、モンゴル人が昔から自然や生態系を大切にしてきたことや、内モンゴルの砂漠化や生態系に対して警鐘を鳴らしたこと、そして有名な監督による芸術性に富んだ映像には私も感動した。

映画『狼トーテム』の主演女優がモンゴル国出身であったことから、この映画はモンゴル国でも広く話題になった。そのなか、モンゴル国の著名な作家・詩人バトリグジドマ(B.Batregxedmaa)をはじめとする多くの有識者は『狼トーテム』を文化の侵略であると指摘するとともに、たとえ芸術であっても真実を曲げてはいけないとソーシャルメディアを通して次々と批判した。

8　映画『狼トーテム』の主要なシーン

小説より映画の方がストレートに表現されているので、ここで映画『狼トーテム』の主要なシーンをあげる。もちろん、元の小説を映画用に作り直しているので、原作と多少異なる部分がある。

【シーン1】主人公の陳陣《チェンジェン》は、中国文化大革命に際し、北京の知識青年の一人として内モンゴル・シリンゴル盟のオロンボラグ草原に下放される。彼は同じく知識青年の楊克《ヤンカー》と一緒にオロンボラグ草原の長老であるビリグの家で羊を放牧することとなる。

草原に来てから六ヶ月後のある日、羊の放牧を終えた家に帰る折り、ビリグの忠告を無視し、近道を選んだ陳陣は、山中で狼の群れに遭遇する。徐々に包囲を狭めてくる狼の群れをみて陳陣は恐怖で動けなくなるが、突如、ビリグに聞いた「狼は金属音を嫌がる」という話を思い出し、馬の鐙《あぶみ》を鳴らしながら、まるで狩猟仲間を呼んでいるかのように叫ぶ。甲斐《かい》あって狼の群れは退却を始めるが、乱れることなく、群れのリーダーの指示のもとで秩序よく退却していった。陳陣は難を逃れるが、同時に彼は狼に惹《ひ》かれていく。

【シーン2】狼に夢中になった陳陣に、長老ビリグは、狼の群れが野生の山羊の群れを狩る現場をみせようと草むらに隠れる。二人の前では野生の山羊の群れがのんびりと草を食べている。狼の群れはそれを見物するかのように草むらに身を隠して動こうとしない。その様子を長老ビリグは成吉思汗の軍隊に例えて、「成吉思汗や狼の共通点は忍耐力だ」と説明する。

待つこと半日、いよいよ狼の狩りが始まる。狼の群れはリーダーの指示のもとに、満腹であまり走れなくなった野生の山羊の群れを、雪深い谷間へ追い出す。ビリグと陳陣も一度その場を離れる。

翌日、長老ビリグがオロンボラグ草原の人々を連れて、昨日、狼が野生の山羊を追っていった谷間へ向かうと山羊の死体が多数転がっている。脚が細長い山羊はもがけばもがくほど深い雪にはまり、そのまま凍死してしまったのだ。狼が山羊の群れを雪深い谷間へ追い出したわけはそれだけではなかった、そこに冬を越す食料を貯蓄するという意味もあったのだ。オロンボラグ草原の人々は、狼の群れが冬を越すのに必要な分は残し、そのほかを「天の恵み」として持ち帰る。草原に食料がある限り、狼は絶対に家畜を襲わない。人間と狼の間には、互いに絶対に超えてはいけない一線があった。それは天の定めでもある。ところが、雪に埋もれた山羊のことを知った内モンゴルの東部からきた移民たちは、夜中にトラックで来て、狼用に残した山羊をすべて持ち去ってしまう。彼らの行動によって人間と狼の間における掟《おきて》が乱れてしまったのだ。

【シーン３】その頃、政府から狼狩りに出るよう命令がくる。それを聞いた長老ビリグは、狼が雪のなかに貯蓄した餌を人間が横取りしてしまった上、狼狩りをすれば、遠からず狼の反撃を受ける。それに狼を殺しすぎると、その餌となる鼠や兎などが増え、それが逆に草原の生態系を壊すと忠告する。結局長老ビリグの忠告通り、吹雪の夜、狼の群れが軍隊用に飼育していた馬の群れを襲い、全滅させる。馬の群れを守ろうとして長老ビリグの息子のバトが犠牲になる。

【シーン４】陳陣は牧畜民が狼を敵としながらもトーテムとして崇拝していることの意味を知るために、自らの手で狼の子どもを捕えて飼育し始める。それを知った周囲のモンゴル人たちに大反対されるが、時の政府の役人は、「これによって馬を守る狼の血を持つ優秀な犬を作れるかもしれない」と、陳陣の狼の子どもの飼育を許可する。陳陣はその子狼を「小狼《シャオラン》」と名づける。

【シーン5】冬を越すために貯蓄した食料を人間に奪われた狼の群れは徐々に人間の生活圏に侵入してくる。それに対して内モンゴル東部から移民してきたモンゴル人は、家畜の死体に爆弾を仕掛けるなどして対抗する。そんななか、長老ビリグが狼用に仕掛けた爆弾によって命を失ってしまう。さらに、長老ビリグの孫のバヤルが陳陣が飼育している「小狼」に咬《か》まれてしまう。陳陣が飼育した狼は人間に対して心を開かなかった。

【シーン6】狼の群れは、「天の定め」でもある自然界の秩序を乱した人々に報復するかのように、次々と牧場の羊の群れを襲う。その報復として、政府主導で拳銃やジープといった現代装備を用いて狼を退治し始める。結果、草原から狼が消えるが、長老ビリグの亡き息子の妻、ガルスンマが、自分の息子を咬んだ「小狼」を殺さず草原に放つ。それが『狼トーテム』の新たな希望となる。

9　モンゴル人が釈然としない『狼トーテム』の問題点

著者も小説『狼トーテム』を初めて読んだ時、「スーホの白い馬」を読んだ時と同じく釈然としなかった。先に述べたあらすじを眺めても、この映画が、これほど評価される要因がみあたらない。しかし、モンゴル放牧文化のなかで生まれ育ったモンゴル人の視座から捉えれば、その理由が至るところにみえてくる。ここで映画『狼トーテム』がモンゴル人に不評だった理由を次の三点にまとめる。

第一に、最も重要な理由は、狼はモンゴル人のトーテムではないということである。有史以来、モンゴル系の一部の部族もしくは個人が、狼を勇気と気運の象徴としたことはあるが、モンゴル人全体が狼を神として崇《あが》めてきた事実はない。小説や映画のタイトルにもしているように、本作品では狼をモンゴル人のトーテムとしている。小説では、それを実証するために各章の始めに主に漢籍などから二、三行を引用して載せているが、その漢籍そのものが北方牧畜民に対する偏見に満ちた作品ばかりである。モンゴル人は歴史的に狼から、そして身近にいるすべての生き物から、その本能的とも言える智恵を学び、それをうまく自分たちの生活に利用してきた。これはモンゴルに限らず、人類の進化の一つのステップである。本作品ではモンゴル人の兵法は狼に学んだとしているが、これは事実であろう。とはいえ、これが狼をモンゴル人のトーテムとすることの実証とはならない。モンゴル人の狼に対する感情は、狼そのものに対する感情ではなく、モンゴル人の自然への敬《けい》虔《けん》さと畏《おそ》れの一環であり、自然と共生し、自然の一部として謙虚に慎ましく生きる生活の智恵によって生まれたものである。この場合、狼は自然の一部、もしくは、自然と一体化している。簡単に説明すると、狼は草の種や根っこを好む鼠や野生の兎を退治してくれるので、草原にとってなくてはならない存在である。日本では狼は羊を主食とする猛獣のようなイメージがあるが、そうではない。彼らは普段、鼠や兎といった小動物を主食としている。毎日、羊を食べているとすれば、それはかなり贅沢な狼である。

第二に、歴史的事実をゆがめた部分がある。実際のところ、内モンゴル草原の環境破壊は、漢族の大量流入やそれに伴う無計画な開拓と直接関係している。しかし、本作品では、このことについて一言も触れていない。むしろ、小説にしろ、映画にしろ、主人公を含む中国人は、非常に心やさしく、自然や生態系を非常に大切にする人物として描かれている。一方、内モンゴルの草原に破壊や生態系の崩壊をもたらしたのは、現地の牧畜民と内モンゴル東部から移住してきたモンゴル人だと、そしてモンゴル人は自分たちの手で、民族のトーテムでもある狼を絶滅寸前まで殺してしまったと、断言するかのように描かれている。

第三に、モンゴル人の生活習慣に反する点が多くみられる。例えば、馬を下りずに人と挨拶する場面などである。これはおそらくモンゴル文化に対して素人とも言える外国人監督や、そのスタッフによるミスであろう。この点についてはモンゴル人も理解を示している。しかし、多くのモンゴル人が、鮮烈な印象を与える、生まれたばかりの狼の赤ちゃんを、老若男女を問わず天国に送ると言って空高く投げ上げ、落下死させるシーンに違和感を感じている。

毎日のように命と接している人々こそ、命の大切さを誰よりも知っている。だから、成吉思汗やその後継者たちは、生き物をむやみに殺害することを固く禁じてきたし、今日もその習慣は固く守られている。ゆえに、生まれたばかりの赤ちゃん狼を空高く投げて死なせるなど考えられない。

10　間違った文化理解がもたらす悲劇

このように『狼トーテム』は、夷狄《いてき》としてのモンゴルやモンゴル文化を描くと同時に、中国人のオリエンタリズムが強く反映された作品であるのにもかかわらず、人気を博した。なぜだろうか。もちろん、市場経済の勢いや当事者たちの綿密な戦略があったと思われるが、多くの読者はストーリーの土台であるモンゴル放牧文化における人々の自然への敬虔さや、自然と共生し、自然の一部として謙虚に慎ましく生きる生活の智恵、それを人類の目前の課題である砂漠化や生態系の崩壊といった問題に関連づけて描かれた点に惹かれたのであろう。その意味において「スーホの白い馬」の原典である塞野版「馬頭琴」と『狼トーテム』は類似する作品だと言える。

姜戎の小説『狼トーテム』が刊行された後、まるで失われた過去を取り戻すかのように、家に狼の皮を飾ったり狼の絵柄のシャツを着たりする若者が増えている。なかでも、銀の細工を施した狼の踵骨《しょうこつ》をネックレスにしたりキーホルダーに付けたりする若者が著しく増えた。モンゴルでは、昔から狼の踵骨を身につければ運気が上がる、または怪我をしないと言われているが、必ず自分が狩猟したものでなければならないのだ。少なくとも漢人商人から購入したものなどでは意味がない。モンゴルの若者が狼の踵骨を身につけるようになってから、街中の野良犬が減ったという噂もある。犬の踵骨を狼の骨だと偽って販売するためである。両者はイヌ科の動物であるゆえに骨格がよく似ている。これらは姜戎の小説『狼トーテム』によって生まれた錯覚であるが、時間が彼らを覚醒させてくれることを願うばかりである。さもないと、何十年後かに、映画『狼トーテム』にある、生まれたばかりの狼の赤ちゃんを空に向けて投げ上げるシーンを真似して「昔、モンゴル人はこうやって狼の赤ちゃんを天国に送っていた」などと愛犬を死なせる子どもが出てくるかもしれない。そう思うと背筋が凍る。

ここで別の例をあげよう。近年、中国のテレビ番組で「牧歌」という歌が内モンゴル民謡としてよく流れている。「青い空を白い雲が漂い、白い雲の下が羊の群れに覆《おお》われている、羊の群れはまるで白銀が草原に飛び散ったようだ、心から愛している！」という牧歌的な歌詞と優雅なメロディーが人々の心をつかみ、今では結婚式でも頻繁に歌われるようになった。日本でも、とある中国出身の歌手が頻繁に歌っていて、私に馬頭琴で伴奏してほしいと依頼してきたことがあるが、断った。というのは、この歌はもともと結婚式などで披露する祝福の歌ではなく、妹の突然の死を嘆き悲しむ歌なのである。

　Co．ドガルジャブ著『フルンボイルのバラグ地域』（内蒙古文化出版社、二〇〇九年）によれば、ある男が、遠い地域に嫁いだ妹に会いに行くと、妹の家が火災で全焼していて、家族もみな亡くなっていた。その風景を前に悲しみのあまり歌った歌であるという。だから、少なくとも結婚式などで歌ってはならない。現在のフルンボイル地域・シンバラグ右旗《バローン・ホショー》ダライ・ソム出身のエルデニチョッグトという人の作品という話もある。

　この歌の元のタイトルは「ウヘルト・フイトン」といって、それは山の名前である。「いつも近くにそびえ立つウヘルト・フイトンよ！　なぜ愛しい妹が不幸に見舞われたのか、教えてほしい」という歌詞に由来する。歌詞は全部で九番まであり、火災の焼け跡から妹の指輪やイヤリングが見つかったことや、妹が亡くなった後、いてもたってもいられず、食事も喉を通らない日々を送っていることなどが歌われている。

　ところが、この物語を知らない中国人歌手が、そのメロディーに先ほどの歌詞を付けて「牧歌」というタイトルで歌い始めたことで、亡くなった妹に贈った歌が、結婚式でも披露されるようになってしまった。理解不足がもたらした悲劇そのものである。

11　環境破壊を放牧に転嫁する俗説

毎年春になると、大陸からの黄砂が日本にも襲ってくる。この時期、低気圧の影響で強風が発生し、それによって東アジア内陸部の砂塵《さじん》が大気中に舞い上げられ、偏西風によって日本まで運ばれてくるのである。

この黄砂に関するニュースをよく聞くと、「内モンゴル」や「ゴビ砂漠」といった言葉が頻繁に登場する。それによると、内モンゴル草原で飼育している家畜が過度に増加したことで、その家畜が牧草の葉だけではなく、その根までも食べてしまい、そのせいで牧草が再生できなくなり、草原が破壊され、砂漠化が進み、黄砂が発生していると解説されることが多いようだ。だが、これも放牧文化を貶《おとし》める漢族文化による見解である。

内モンゴルでは、この家畜の過度な増加と黄砂の関連性に関する先の見解のもと、二〇〇〇年以降、牧畜業に対する規制政策が次々と打ち出され、今も続けられている。政策の内容や実施日・期間は多少異なるものの、その内容は大きく「休牧政策」と「禁牧政策」の二つにわけることができる。

図17　休牧政策により有刺鉄線の囲いに入れられた牛。空腹のあまり有刺鉄線の囲いを破って出る牛は角と前足（片方）を紐で縛り、歩きにくくされてしまう。罰金を科されないためには、こうするしかない。モンゴル人には涙がこぼれる風景である

「休牧政策」とは、家畜が新芽を食べてしまえば、草が生えなくなるという理由で、新芽の季節に草原で家畜の放牧をすることを禁じることを言い、この期間中、家畜を畜舎に閉じ込めて干草などで飼育させるようにする。その期間は地域によって多少異なるが、休牧開始日は、大体毎年四月一日で、期間は約七〇日から九〇日間である（図17）。

「禁牧政策」とは、砂漠化などにより放牧を継続することが難しくなったとされる地域において放牧を完全に禁じることである。この場合、禁牧区域を有刺鉄線で囲い、家畜はすべて売却させられ、牧畜民は街周辺に用意された集合住宅など

に強制的に移住させられ、街頭清掃やゴミ処理の仕事で生計を立てるようにすすめられる。

　しかし、これらの政策が実施されてから二〇年が経過しようとしているが、毎年のように飛んでくる黄砂の量は変わっていない。むしろ増えているというデータさえある。これはつまり、黄砂の発生原因が家畜の過度な増加にあるという説が大きく間違っていることを意味しているのである。

　はっきり申すと、草原の砂漠化は中国人による無計画な開墾や大規模な地下資源開発に大きく関係している。特に後者の環境に与えるダメージは凄まじいものである。家畜と大型機械の破壊力を単純に比較してみてもわかる話だ。

12　牧畜民を無視した政策

　放牧文化のなかで生まれ育った著者は、この説は無理やりに「犯人」を探しあてたものであり、この説を唱えた学者はモンゴル放牧文化に対して素人だったと思っている。根拠はモンゴル人が飼育している家畜（馬、牛、羊、山羊、駱駝《らくだ》）の草の食べ方にある。

これは放牧世界では常識であるが、普通、馬は唇と前歯で、羊と山羊は前歯のみで草を咬み切って食べる。また、地表に草がなくなると、馬も羊も山羊も前足を巧みに使って草の根を掘り起こして食べることができる。

一方、牛は長い舌に草を巻きつけて引っ張り切って、駱駝は歯全体を使って咬み切って食べるのみである。牛と駱駝は足を使って草の根を掘り起こして食べるどころか、雪の下に埋もれた枯れ草を掘り起こして食べるのも苦手なのである。

だから、「家畜が牧草だけではなく草の根までも食べてしまう」という説は、強《し》いて言うなら馬や羊や山羊に限定した話であって牛や駱駝には関係のないことなのだ。言い換えるなら、馬や羊や山羊が草の根を掘って食べる時点で環境破壊はすでに起きていたのだ。

実際、モンゴル草原を訪れた人は感じていたであろうが、モンゴル牧畜民の草原や草に対する愛着は驚くほどのものである。例えば、モンゴル伝統医療では、漢方のような薬草や薬木などを粉末にした薬を用いるが、草木の根や種どころか茎も使わない。使うのは枝や葉や花である。

しかし、「休牧政策」や「禁牧政策」の対象はすべての家畜であり、政府は牧畜民の意見を聞くこともなく、政策が施行されていった。結果として多くの牧畜民が先祖代々受け継がれてきた牧草地や家畜を手放し、都市部に流入し、モンゴル文化の礎《いしずえ》である畜産業が崩れ始めたのである。

13　風力発電が草原にもたらす新たな悲劇

近年、砂漠化防止のために実施された「休牧政策」や「禁牧政策」によって家畜の姿がみられなくなった草原では、風力発電のための風車が急速に増加している。約三〇〇メートル間隔で設置された風車の大軍が草原を埋め尽くす日はそう遠くないかもしれない（図18）。

そこで発電した電力は北京に送られているという。また、「禁牧政策」によって無人になった草原では次々と鉱山が開発され、鉱山から運び出された砂が山のようにあちらこちらにそびえ立っている（図19）。

現地の牧畜民の間では、「休牧政策」や「禁牧政策」の本当の狙いはこれだったのではないか、という声が上がっている。皮肉なことに、鉱山によってできた砂山の上ではエコ・エネルギーとして導入された風車が回っている。この風力発電用の風車や鉱山開発が草原に新たな悲劇をもたらし、それを巡るトラブルが夏季の草原では毎日のように繰り広げられている。風力発電は環境への負荷が少なく、再生可能エネルギーとして注目されているが、欧米では風車による人体や生態系への悪影響が懸念され、撤去されるケースもたびたび報告されている。

内モンゴル草原で起きている問題は、このような元凶によるものだけではない。真夏のモンゴル高原では上昇気流が発生しやすく、雨季になると、落雷が増える。この雷が風車に落ちると、風車を設置した業者が大きな損失を被るので、業者は現地の政府や気象局と組んで、化学物質を積んだロケット弾を発射し、雨雲を消している。

「消雲ロケット」は二〇〇八年に開催された北京オリンピックのために開発されたものだという。鉱山の場合、雨が降ると、坑内が崩落したり、重機が滑ったりするなど危険性が高まるので、作業を停止しなければならない。それが開発業者にとっては損失になるので、同じく化学物質を積んだロケット弾を使い、雨雲を消しているのだが、彼らは「人工降雨ロケットだ」と言い張っている。

当たり前の話だが、雨季に雨が降らなければ牧草は生えない。牧草が生えなければ家畜の食べ物はなくなり、結果的に牧畜民の生活が困窮に陥《おちい》る。また、モンゴル遊牧民は古

図18　草原に設置された風力発電用の風車

図19　鉱山から運び出された砂の山と、今にもその砂山に埋まりそうな集落。砂山の上には風力発電用の風車が設置されている

来、テンゲル（天）とガジル（大地）を崇めてきた民族であり、日常生活のなかでも刃物の刃を聖なるテンゲルに向けておくことが禁じられている。それゆえ、モンゴル人にとって聖なるテンゲルに向かってロケットを発射することは断じて許し難い行為なのである。

牧畜民が現地政府に「消雲ロケット」の発射を禁じるように陳情を出すと、業者と組んだ役人は、それは人口降雨用のロケットであるとの一点張りの返事を繰り返す。仕方なく牧畜民は自分たちでパトロール隊を結成し、「消雲ロケット」を撃つ業者の取り締まりを始めた。それに伴うトラブルは近年一層激しくなっている。

14　石炭採掘による地下水源の枯渇

二〇一七年の夏、内モンゴルのチャハル草原で、パトロール隊が「消雲ロケット」弾を発射しようとしている現場を取り押さえ、発射しないように注意した。しかし、業者は場所を変えてロケットを発射しようとしたので、怒った若者たちは業者の車や機械を壊した。案の定、パトロール隊のメンバー全員がその日のうちに逮捕され、リーダーは今も服役中である。ちょうどその時、里帰りしていた私は、現地の牧畜民の話を聞くことができた。

「今回はロケットを発射する前に取り押さえた。にもかかわらず翌日から草原に大雨が降ったのだ。つまり、あのロケットは人工降雨のロケットではないことが証明された」

「車や機械を壊したことは確かに度が過ぎた行為だったが、消雲ロケットを発射する悪質業者や、その業者に協力する役人を取り締まらないのは不平等だ」

「この風車はエコ・エネルギーとして導入されたものだというが、すぐ近くでは石炭の露天掘りによって草原が破壊され、生態系が大きく崩れている。どうして違法な鉱山を止めないのか」

「石炭鉱山ができてから井戸が次々と干上がった。昔は深さ三メールから五メートルほど井戸を掘れば水が出たが、今年から一〇〇メートルは掘らないと水が出なくなっている」

「うちは深さ一〇〇メートルもある井戸を掘ってもらったが、人間が飲む分の水をまかなうのが精一杯で、家畜用の水はよそから運んでいる」

このように牧畜民たちは口々に訴えていた。モンゴル高原で採掘されている石炭は、褐《かっ》炭《たん》といって不純物が多い低品位炭であるので、洗って不純物や不良炭を取り除く必要がある。そのため、地下水を大量に汲み上げたり、川を堰《せ》き止めてダムを造る必要もある。一トンの褐炭を洗浄するのに約三・六トンの水が必要だと言われており、それが地下水源の枯渇を招き、各地で井戸が干上がる現象が起きている。それだけではない。地盤沈下による被害も後を絶たなくなっているというのだ。

15 俗説の報道は文化的ジェノサイドへの加担だ

モンゴル牧畜民は今も家畜の糞を乾かして燃料にしている。一般に「糞」というと「臭い」というイメージはあるが、モンゴル草原の家畜は人工飼料ではなく、草原に生えている牧草を食べるので、その糞もほとんど草であり、家畜の胃袋の中で半発酵しているので、乾かしてから燃やすとお香のような薫りがする。何よりこの燃料は二酸化炭素などの温室効果ガスをほとんど排出しないエコ燃料である。このようにモンゴル牧畜民は地球上、最も環境に優しい生活をしている民であり、彼らに環境破壊の罪を着せるのは弱者いじめにほかならない。俗説を報道することは文化的ジェノサイドに加担する行為だということに日本の報道機関も留意すべきである。

地球温暖化にしろ、草原の砂漠化にしろ、すべての問題は人為的な要因によるものである。ゆえに、これらの問題に取り組む際は、まず「人」から始めなければならない。また、先祖代々、その地で生活してきた人こそが、誰よりもその地に愛着を持っており、その地のことや保護の仕方を知っている。よってそこに暮らす人々に敬意を払い、彼らの文化を守り、生活を安定させることがすべての始まりであり、だからこそ、文化を正しく理解する必要がある。これは日本にも無関係な話ではない。少なくとも大陸から黄砂が飛来してくる限り被害者だからである。日本は内モンゴルを巡る環境問題にも積極的に関与する必要がある。

第四章

「スーホの白い馬」が伝えるモンゴル文化

スーホと白馬の関係を通して、その背後にあるモンゴル放牧文化における人間と家畜の関係を探り、そこから培《つちか》われる教育的要素やそれがモンゴル人の人間観、教育観に果たす役割について論じる。また、著者が採集した新たな物語を紹介しながら馬頭琴の起源にまつわる物語に秘められた文化的、宗教的な要素についても言及したい。

「スーホの白い馬」は今日の日本におけるモンゴル理解の「入門書」でもあるので、その礎《いしずえ》であるモンゴル文化を正しく理解する必要があると考える。

1　白い馬は単なる家畜ではない

家畜とは、人間の生活に役立つように品種改良され、飼養・繁殖管理される動物であると認識されている向きが多い。しかし、モンゴル人にとって、家畜を飼育する目的は、ただ乳、肉、毛、皮を利用し、乗り物や労働力として使うためではない。もちろん、モンゴル人も家畜を屠殺《とさつ》したり売却したりはするが、これはモンゴル人の日常生活のなかでの主要な行為ではないのである。

一九四〇年代初期、内モンゴルにおいて研究調査を行った後藤十三雄は、その著作『蒙古の遊牧社会』（生活社、一九四二年）のなかで、モンゴル人と家畜の関係について次のように記している。

我々は草洋上における人間と家畜との関係を、ともすれば経済的な見地からのみ考察し、永年の共同生活が経済的な打算のみを以て割り切れない他の一面を生むにいたつたことを忘れがちである。朔風《さくふう》吹き荒《すさ》ぶ厳寒の曠野《こうや》に、生れ落ちた仔羊や犢《こうし》にみせる彼らの愛情は、これを家族の一員として我が子をみとるやうにかひがひしく立働く人々の顔に輝いてゐる。蒙古を旅行するとゲル（*gel* 帳幕）の中で犢《こうし》と同居させられることもあり、牛角の尖端に穴をあけた哺乳器を仔畜の口に含ませ、抱くやうにして牛乳を与へる老婆の姿を見うけることもある。作物をいたはる農民の態度が単なるものに対する以上の執心をしめすやうに、家畜であるだけに一層の心遣いと情愛が吐露せられ、人間と家畜が寄り合つて一の社会生活を営んでゐるやうにさへ思はれるのである。（漢字は新字体に改め、ルビを付した。引用者註）

この記述からもモンゴル人と家畜の関係は単なる経済的関係ではないことがわかる。一九四四年九月から一九四五年二月にかけて、内モンゴルのチャハル地域を中心にフィールド調査を行った梅棹忠夫も論攷「乳をめぐるモンゴルの生態Ⅰ——序論、および乳しぼりの対象となる家畜の種類について」（『梅棹忠夫著作集』第2巻所収）のなかで「モンゴルの家畜は、牧民にとっては、生産に対する合目的的《ごうもくてきてき》な構成物ではなくて、牧民と共生する自然的所与物であるとかんがえたほうがよい」と説いている。

ところで、少し前のことであるが、私は二〇〇八年九月に内モンゴル・シリンゴル地域のモンゴル語で授業を受けている各小学校の子どもやその保護者、教師を対象にアンケート調査を実施したことがある。そのなかで保護者に「家畜は人間の生活（乗り物、食料など）に役立つ以外、人間の内面世界にどんな影響を与えていると思いますか」と質問したところ、次のような回答が得られた（回答者は二八三人中二六七人）。

●人々の心を癒《いや》す役割を果たしている　一一二人（四二％）
●人々に命の尊さを教えている　五三人（二〇％）
●人間の命を助けることがある　五二人（一九％）
●時に勇気を与えてくれる　四七人（一八％）
●その他　三人（一％）

この回答にもみられるように、モンゴルの放牧社会においては、家畜は単なる財産や生計の手段ではなく、日々接し、戯《たわむ》れるなかで人の心を癒してくれる相手であり、命の尊さを教えてくれ、時には、主人の命を助け、勇気を与えてくれる存在であることがわかる。

2　モンゴル人が五種類の家畜を飼育してきた理由

モンゴル語で家畜のことを「マラ」と呼ぶ。「マラ」はもともとアラビア語で「財産」を意味していたが、モンゴルでは昔から飼育してきた馬、牛、羊、山羊、駱駝《らくだ》の総称として使われている。なぜこの五種類の家畜なのか。それには次の理由があげられる。

第一に、この五種類の家畜が食べる草（植物）が異なるからである。例えば、馬と羊は平地に生える白いヨモギを好む。山羊は岩山などに生える野生のニラを好む。牛は湖の周辺に生える水分を多く含む草を好む。駱駝はゴビ地域に生える柳の葉を好む。それゆえ、同じ地域で飼育しても環境に与える負担が少ない上、自然界の草を効率よく使うことができる。

第二に、この五種類の家畜それぞれの役割が異なるからである。つまり、馬は乗り物として使う。平地で荷物を運ぶのには牛が適している。砂地で荷物を運ぶのには駱駝がうってつけである。羊の毛は家造りに使う。山羊は羊の群れを誘導するなど、それぞれに役割があるのだ。

また、先にも触れたようにモンゴルの牧畜民《マラチン》は今も家畜の糞を乾かして燃料にしている。一般に使われるのは牛の糞を乾かしたアルガルであるが、馬の糞を乾かしたものをホムホル、羊や山羊のそれをホルゴル、駱駝のそれをテメン・ホルゴルとそれぞれ名づけており、使い方もそれぞれ異なる。牛は一定の範囲しか移動しないので、糞も採集しやすく、また燃える時の温度も安定しているので日常生活のなかでよく使う。馬は移動する範囲が広いので糞を集めにくいが、消化器官がほかの家畜ほど発達していないため、パンダと同じく食べた牧草のごく一部しか消化できず、それゆえに、植物繊維が豊富なので点火に便利。羊や山羊、駱駝の糞は小粒状態なので採集しにくいが、燃えやすく、温度が比較的高いので高温調理などに用いる。何より、これらの燃料が二酸化炭素などの温室効果ガスをほとんど排出しないエコ燃料であるのも先述の通りである。

3 家畜はコンパニオン・アニマルではない

モンゴル人は家畜を大きく「経済関係家畜」と「信頼関係家畜」、そして経済関係も信頼関係もない「その他の家畜」の三つのカテゴリーに分けて認識している（図20）。

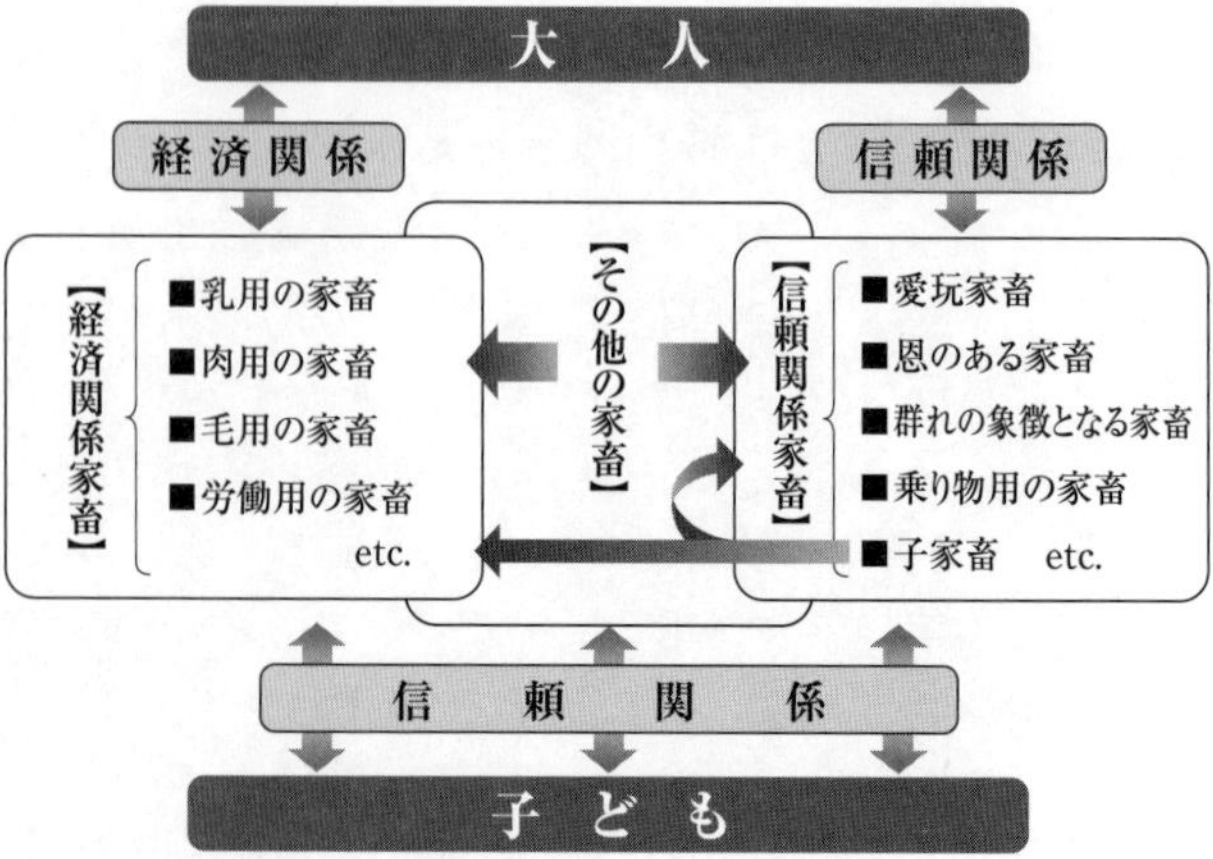

図20 「家畜の分類」と「家畜と大人・子ども」の関係図

「経済関係家畜」とは、乳、肉、毛や労働力などを人々が利用するために飼育している家畜である。

「信頼関係家畜」とは、主人の命を助けたなどの恩恵を与えてくれたもの、競馬で優勝し、主人を有名にしたなど群れの象徴となる優れたもの、主人と戯れ、主人の心を癒してくれる愛玩対象、体力があり、乗り心地や性格がよく、乗り物として使われているもの、可愛い仕草で人の心を癒す子もなどが含まれており、これらの家畜は主人の精神世界を支える役割を果たしている。また、モンゴル人は病弱なものや親と死別した子ども、または家畜同士の喧嘩やいじめによって群れを離れているものやひ弱いものを「信頼関係家畜」として守り、身辺において可愛がって育てる習慣がある。（第4章-9を参照のこと）。もちろん日常生活のなかでこの「信頼関係家畜」を労働力として使ったり毛や乳を生産物に加えたりすることもあるが、これは「信頼関係家畜」を飼育する主な目的ではない。

「その他の家畜」とは、経済関係家畜のような経済的な価値、信頼関係家畜のような主人との信頼関係がまだ発生していない家畜のことである。この「その他の家畜」に経済価値が出れば「経済関係家畜」に属するようになり、主人との間に信頼関係が生じれば「信頼関係家畜」に属するようになるが、そのほとんどが「経済関係家畜」に属することになる。

また、「信頼関係家畜」に属する子家畜が成長するにつれ、子ども特有の初々しい可愛さがなくなると同時に太るなどして経済価値が出ると「経済関係家畜」に移行する。しかし、その一部が愛玩家畜、恩恵を与えてくれる家畜、群れの象徴となる家畜、乗り物用の家畜として「信頼関係家畜」に戻ることがあり、モンゴル人はこれらの家畜に名前をつけたりする（飼育数が多いので、すべてを名づけることは物理的にも無理がある）。

子家畜以外の「信頼関係家畜」が「その他の家畜」や「経済関係家畜」に移行することはほぼない。牧畜民の立場で言うなら、大人は、「経済関係家畜」とは主に経済で、「信頼関係家畜」とは主に信頼で結ばれているわけだが、子どもからすればすべての家畜が「信頼関係家畜」となる。

これらの家畜、特に「信頼関係家畜」は文化や宗教とも深くかかわっている。換言すれば、家畜なくして放牧文化は成り立たないのである。放牧生活のなかでは、家畜に関する歌や詩が多く作られるなど、家畜が放牧文化をより豊かにしている。

動物と人間の関係について論じる際、多くの日本人がコンパニオン・アニマルを想像しがちである。しかし、コンパニオン・アニマルとは、生活の伴侶《はんりょ》として人間とより密接な関係を持っているペットを指すのが一般的である。**図20**で言えば、「信頼関係家畜」中にある「愛玩家畜」がコンパニオン・アニマルにあたる。

また、モンゴル人は通常五畜（馬、牛、羊、山羊、駱駝）と呼ばれる家畜を放牧している。五畜中の馬、牛や駱駝（特に、馬と駱駝）などの大型家畜の場合、野原で寝泊まりをし、湖から水を飲み、半野生的な生活をしていることが多い。羊や山羊といった小型家畜（生まれたばかりの子家畜や病弱な小型家畜を除く）の場合は、昼は草原で牧草を食べ、夜になると畜舎に戻るなど、比較的人間の近くにいることが多いが、ペットのように主人と同じ部屋で生活したりすることはなく、人間と家畜の間には一定の距離が保たれている。この意味において、家畜は人間の生活圏よりも、人間とは一定の距離を置いた自然界の方に深く入り込んでおり、モンゴル人も自然界に大きく属する家畜を放牧することによって大自然に接触している。したがって、コンパニオン・アニマルや日本の学校などの飼育動物は完全に人間界に属しているとみなすことができる。

4　人間も家畜も「愛しい命ある生き物（フゥールヒ・アミタン）」

私は「出前授業」のなかで多くの先生に「スーホが草原で生まれたばかりの子馬を見つけ、それを連れて帰ったように、モンゴルでは飼い主がいない家畜は勝手に連れて帰ってもいいのか」と聞かれている。一概には言えないが、まず第一に、昔は今ほど個人の所有という考え方が強くなかったということがある。次に、状況にもよるが、生まれたばかりの子馬のようなひ弱な動物を自然のなかに放っておくのは危険なので、連れて帰るなど、何らかの措置をとらなければならないという心理作用。実は、スーホのこの行為にはモンゴル人固有の生き物に対する概念が深く関係している。

モンゴル人の口からは「フゥールヒ・アミタン」という言葉がよく聞かれる。特に、お年寄りは、この言葉を口癖のように使う。「フゥールヒ」は、日本語の「哀れな、可哀相な、惨《みじ》めな、同情すべき、愛《いと》しい」を意味している。「アミタン」は通常「動物」もしくは「生き物」と訳されることが多いが、厳密に訳せば「命ある生き物」となる。命ある生き物とは、広義では心があり、感情がある生き物という意味である。モンゴル人が飼育している馬、牛、羊、山羊、駱駝がそうである。その意味において人間も「命ある生き物」に属す。

すなわち、「フゥールヒ・アミタン」とは、「哀れな命ある生き物」「可哀相な命ある生き物」「惨めな命ある生き物」「同情すべき命ある生き物」「愛しい命ある生き物」という意味である。この概念は、モンゴル特有の自然環境や放牧文化から生じたものとも言える。

モンゴル高原の大草原に散らばるように生活していたモンゴル人や家畜群は、広大な大地のなかの小さな一部にすぎない。また、モンゴル草原は、緑色の夏はたちまち去り、一年のほとんどが干草や砂が一面に広がる哀愁漂う世界となる。そして、旱魃《かんばつ》や寒波などの自然災害によって、家畜の被害だけではなく、時には、人の命までが奪われてしまう。このような厳しい自然界の前では、すべての生き物は無力な存在である。それが、人々の自然への敬虔《けいけん》さと畏《おそ》れの感情を生み、自然と共生し、自然の一部として謙虚に慎ましく生きる生活の智恵を生んだ。

また、モンゴル放牧社会においては、人間は多くの家畜に囲まれて生活しているが、人間に比べて家畜の寿命は短く、新しい生命の誕生も早い。つまり放牧文化とは、生命の誕生への感動や死への悲しみに日々直面する文化でもある。モンゴル語には「羊も可哀想だが、狼も可哀想だ」という表現（慣用句）がある。すなわち、狼の餌食《えじき》になる羊は可哀想だが、羊を食べなければ生きていけない狼も可哀想だという意味であり、自然の摂理《せつり》を物語っている。

このような放牧生活によって、自然界の厳然たる事実を体験してきたモンゴル人にとって、命ある生き物は「フゥールヒ・アミタン」でしかない。そして、なかでも、人間の子どもと子家畜が最も哀れな、可哀相な、惨めな、同情すべき、そして愛しい命ある生き物である。だが、哀れな、可哀相な、惨めな、同情すべき、そして愛しい命ある生き物だからといって、過剰に溺愛《できあい》すると生命としての「誇り」を踏みにじる結果となる。それより、このような「哀れな、可哀相な、惨めな命ある生き物」を厳しい自然界で生き残らせるために、早いうちに「一人前になる」よう陶冶《とうや》しなければならず、そのためには、時には叩いてでもしつける必要がある。しかし、それと同時に彼らは「同情すべき、そして愛しい命ある生き物」でもあるので、限度を超えるような肉体的苦痛を与えてはいけない。このバランスが非常に大切なのである。

5　家畜に教わる「命の教育」

「スーホの白い馬」の、白馬の生前と死後を比較してみれば、白馬の生前は、「白馬とスーホの関係」であったが、白馬の死後は、「馬頭琴とスーホの関係」に変わっていることがわかる。つまり、スーホにとって、白馬は永遠に「白馬」なのではなく、死後は「馬頭琴」という別のものになっているのだ。これは、モンゴル放牧文化における生命観であり、一種の「命の教育」である。

モンゴルには、馬は風から、牛は湖から、羊は雲から、山羊は岩から、駱駝は太陽から、犬は星から来たという言い伝えがある。馬は風のように速く走ること、牛は湖に入るのが好きなこと、羊の毛は雲のように白くてフワフワしていること、山羊は岩に登ったりしてよく遊ぶこと、駱駝は遠く（太陽）を眺める習性を持っていること、犬は夜になるとよく吠えることなど、身近にいる動物それぞれの習性に基づいた言い伝えである。

したがって、なついた馬の死を悲しんでいる子どもがいれば、「死んだ馬が風になって君の回りにいるからそんなに悲しむなよ」と慰《なぐさ》める。同様に、牛の死の場合は、「死んだ牛が湖になってあそこにいるからそんなに悲しむなよ」、羊の場合は、「死んだ羊が雲になって君の上にいるからそんなに悲しむなよ」、山羊の場合は、「死んだ山羊が岩になってあそこにいるからそんなに悲しむなよ」、駱駝の場合は「死んだ駱駝が太陽になって君の上にいるからそんなに悲しむなよ」、犬の場合は「死んだ犬が夜に星になって現れるからそんなに悲しむなよ」という形で、子どもを慰めるのだ。

このように大好きだった家畜は死後も、なんらかの形でその子（主人）の周りに生き続けているという考え方があるから、子どもが長く悲しみに沈んでしまうことはないのである。

6　家畜は子どもにとって「反面教師」でもある

モンゴル人が飼育している家畜には、それぞれ特有の個性があるので、大人はそれを例

図21　山羊を放牧する子どもたち。

にして子どもをしつけることが多い。例えば、牛は遅鈍で大人しい性格の持ち主であるから、動きが鈍く、何事も遅いのんびり屋な子どもを牛に例えて「早く動かないと牛になっちゃうよ」としつける。羊は殺される瞬間も抵抗することができない大人しい家畜だから、大人しくて泣き虫な子どもに対しては、「お前は羊ではなく、人間なのだからもっとしっかりしなさい」と、山羊はずるがしこくて、留守の家などに入っていたずらをし、主人によく叩かれるから、わんぱくで常に動き回る子どもに対しては、「山羊みたいに動き回っていたら、お父さんに叩かれるよ」と、駱駝は群れで移動せず、孤立した行動を取り、何事にも無関心なようにみえるから、あまりにも個性的な子どもに対しては、「駱駝みたいな単独行動を取っていると、いつか迷子になるよ」としつける。ただし馬だけは人間になつきやすく、心優しい信頼できる動物であるため、悪い例としてあげられることはめったにない。つまり、家畜は子どもにとって反面教師でもあるのだ。

このように放牧生活を営むモンゴル人には、人間のなかの動物的部分と、家畜の特徴を重ねてみるようなところがある。だから、子家畜の成長と人間の子どもの成長を並行的に捉えるようになったのかもしれない。もちろん、日々、家畜と接触している子どもも家畜特有の個性を熟知しているから、親の言いたいことはよく理解できるのである（図21）。

7　物語「馬頭琴」の原型（1）「チョールの物語」

筆者はこれまで塞野《セーイエ》版「馬頭琴」の原話について調査を行うなかで馬頭琴に関する二つの伝説を入手した。その一つが「チョールの物語」である。

これは二〇一四年の夏、地元の九一歳（調査当時）の女性、ソンデに聞いた話である。彼女は全モンゴルでも稀《まれ》にみる高齢者である。目がほとんど見えないが、頭はしっかりと

図22　一九〇八年に内モンゴル東部・ジリム盟《アイムグ》の民間芸能人によって作られたチョール。今でも演奏ができる。楽器の共鳴箱の駒にナイフが挟まれており、これには「悪もの」を抑え込む力があるとされている。音を調整する役割もある。写真提供：馬頭琴・チョール奏者エルデニブフ（Erdeniböhe）氏

している。地元の長老であるので、私は実家に帰るたび挨拶に伺う。長寿にあやかるという意味もある。

二〇一四年六月一八日、私はいつも通り挨拶に伺った。ソンデは私の声を聞くとしばらくして「〇〇の息子ですよね」と言った。手帳をみないと次の予定を忘れる私は、その記憶力に脱帽した。ソンデと話している時、突如、馬頭琴の起源に関する伝説を知らないか、一応聞いてみようと思い立った。すると、ソンデはしばらく考えてから「あなたが言っているのは『チョールの物語』ではないか」と言った。そして、ところどころ休みながらゆっくりと話し始めた。もちろん、年齢のこともあり、話があちらこちらに飛んだり

していたので、私の解釈をもとに整理した。

著者がこれまで聞き集めた話のなかで、疑問を感じることなく、最も自然体で受け止められたのがこの話である。内モンゴルでは、馬頭琴の原型とされるチョールという楽器の起源と思われる伝説はいくつかあるが、ソンデが語った「チョールの物語」は極めてオリジナリティに富み、モンゴル牧畜民の性質に最も近いものである。加えて、これは馬頭琴の起源にまつわる話であるとともに、馬頭琴とシャマニズムを結びつける貴重な資料でもある（図22）。

8 「チョールの物語」のあらすじ

昔々、モンゴル草原では牧草地を巡る争いが頻繁に起きていた。事はそのなかで起きた。

ある年、モンゴル草原に敵が侵入してきた。草原に侵入した敵軍は投石機など有利な武器を持っていた。そのため、自分たちの牧草地を守ろうとした部族は退却せざるを得なかった。彼らは投石機から逃れるために石のない砂漠の方へ逃げた。その途中、部族の半分が犠牲になってしまった。

部族のリーダーは残りの人を連れて柳の木が茂る砂漠に逃げ込んだ。ゴビ地域の砂漠には柳の木が豊富で、砂丘の上の柳の木の先が絡《から》み合ったジャングルのようになっており、それが何十キロも繋がっているため、敵軍も何もできず、両者は睨《にら》み合いを続けた。しばらくすると、敵軍が部族を燻《いぶ》り出すために乾いた柳の木に火をつけ始めた。火は枯れ木や草に燃え移り、徐々に広がってきた。

砂漠に逃げ込んだ部族のなかにシャーマンがいた。そのシャーマンは神なるテンゲル（天）の助けを呼ぶ儀式を行うことにした。だが、逃げている最中、儀式に用いる道具をなくしていた。シャーマンは太鼓や口琴《こうきん》など様々な道具を使って精霊を呼び寄せると同時に、それらの道具を使って精霊たちを制御するのである。砂漠には太鼓を作れるほどの太さの木がなく、その時間もなかった。シャーマンは、根元が太く、そこにくぼみのある柳の木を切り取り、死んだ馬の腸をそのくぼみに合わせて何重にも巻きつけ、焚《た》き火にあぶって乾かした。そして、馬の尻尾の毛を弦《げん》として張りつけ、それを弓で擦《こす》って音を出しながら儀式を始めた。その音は獣の鳴き声のような不思議な音だった。しばらく続くと砂漠のあちらこちらから狼や狐の遠吠えが聞こえてきた。そのまま儀式を続けているうちに、どこからともなく黒い雨雲が現れ、雷を伴う激しい雨が降り出した。それをみていた敵軍は、神なるテンゲルは部族に味方していると思い、そのまま退却した。

砂漠を抜け出した後、人々はこの不思議な力を持つ楽器を、モンゴル語で雷を表す「アヤンガ」を用いて「アヤンガン・ホール」と名づけた。そして、アヤンガン・ホールを作る際に使われたナイフを、勝利の証《あかし》として共鳴箱の駒に挟んだ。のちにアヤンガン・ホールはモンゴル語で「響き」を意味する「チョール」へと変化した。このチョールが代々受け継がれ、やがて民衆の間に普及し、馬頭琴となった。

9　物語「馬頭琴」の原型（2）「ボルラダイフーの小馬」

採取したもう一つの物語は「ボルジガル（縮れ毛）・ボル（炭灰色《たんかい》）・ダーグタィ（二歳馬に乗った）・ボルラダイフー（日焼けした子）」という。ここでは「ボルラダイフーの小馬」とでも呼んでおこう。

これは二〇一二年の夏、地元の民間馬頭琴奏者のオイロブに聞いた物語を、私の解釈をもとに、ところどころに説明文を入れたりわかりやすく表現したりしながら整理したものである。オイロブはとても酒が好きな男で、よく酒を飲みながら馬頭琴を弾いて歌を歌っていた。馬頭琴の糸巻き（ペグ）が乾燥してしまい、スムーズに回らなくなると「お前も酒が飲みたいのか」と言いながら糸巻きを取り出して飲んでいる酒につけておく。しばらくしてから取りつけると、嘘のように滑らかに回るのだ。私たちは彼のそのやり方を「モンゴル・ドム（モンゴルのまじない）」と呼んでいた。

オイロブは若い頃、何人かの民間の馬頭琴奏者に師事し、内モンゴルの著名な馬頭琴奏者のスラシが開いた講座の短期コースにも参加していたそうだ。この話をいつ、誰に聞いたか、覚えていなかったオイロブは残念なことにその後、草原で石炭を運ぶトラックにひき逃げされ、帰らぬ人となった。発見された時には、すでに死亡していたという。現場にトラックが急ブレーキをかけた痕《あと》がくっきりと残されていて、あたり一面に石炭が落ちていたそうだ。犯人は未だにみつかっていない。

私はそれまでに馬頭琴の起源伝説だと思われる物語をいくつか聞いてきたが、その多くは塞野版「馬頭琴」に近いものだった。また、この物語と同じく長距離競争でゴールしたとたんに倒れて死んだ老馬の物語、例えば、モンゴル国の著名な作家スルンジャブ（Sh. Surenjiav）が民話をもとに書いた小説で、一九九〇年に映画化された『トド・マグナイ

（馬の長距離競争大会において数多く優勝を飾った名馬に与えられる最高の称号）』や、内モンゴルでは民謡として長く歌われている「フグシン・ホーホン（老馬を讃《たた》える歌）」（P13音声データ参照）などがあるが、そのほとんどが馬を讃えた話であり、馬頭琴の起源にまつわる話ではない。なお、『トド・マグナイ』には為政者と非為政者の対立が描かれているが、それは当時の統治者である満洲人と、統治される側であるモンゴル人の間における民族間の対立である。

この「ボルラダイフーの小馬」はまったく初めて聞いた物語であったが、モンゴル文化と矛盾する側面がみられず、また、風が、乾ききった骨を通り抜けると音がすることをヒントに楽器を作ったという展開には説得力があった。実際、草原では人の口笛のような音が聞こえたりすることがある。多くの人は心霊現象として捉えるが、実は、風が草や木や動物の骨などに当たって出る音なのである。空き瓶の口に強く息を吹き込むと、ボーという特有の音がするのと同じ原理である。ちなみに、トルコの民族楽器であるサズも、馬の頭蓋骨に絡んだたてがみが風で鳴っていたのをみて考案されたものだという。トルコ人とモンゴル人は歴史的に深い繋がりがある民族でもある。

そして、のちの人々が、大勢で聞ける音量のある木製の楽器を作る際、馬の頭蓋骨の名残として楽器の一番上に馬の頭を彫刻したという説明にも一理ある。モンゴル人は様々な家畜を飼育しているが、どうして馬の頭だけを楽器に彫刻したのか、ということは、学界においてもたびたび議論される課題だからである。

10 「ボルラダイフーの小馬」のあらすじ

ここでそのあらすじを紹介する。

ある年の秋、王様の馬群で子馬が生まれた。ただ、その子馬はというと、頸《くび》が短く、毛も縮れていて弱々しいものだった。普通、馬は毎年の春から夏にかけて生まれる。秋に生まれた子馬は、冬になると母馬の乳も減る上、冬の寒さで体力が消耗するので生き残る確率が極めて低く、死んだも同然だった。

その群れを放牧していた一人のモンゴル人は、子馬を息子のボルラダイフーにあげた。たとえ弱々しい子馬でも自分の馬をもらった息子は大喜び、自分が飲む牛乳まで子馬に与えて心を込めて世話をした。そして、子馬に縮れ毛を意味する「ボルジガル」という名前をつけた。二人はまるで兄弟のように昼も夜も一緒だった。

おかげでボルジガルは冬を越すことができた。だが、もともとひ弱であった上、自然界で生活するはずの馬が人間の家で育ったので、夏になっても冬毛が抜けず、飼い主以外には誰も目を向ける者はいなかった。彼はどこに行ってもボルジガルと一緒だった。それをみた羊飼いの仲間たちが、ボルラダイフーに「ボルジガル・ボル・ダーグタィ・ボルラダイフー（縮れ毛で炭灰色の二歳馬に乗った日焼けした子）」というあだ名をつけた。

ある日、ボルラダイフーは父親に聞いた。

「お父さん！　ほかの馬はみんな衣替えしているのに、どうして僕のボルジガルだけ冬毛が抜けないの？」

父親は息子にゆっくりと言って聞かせた。

「モンゴルでは昔から『馬は風の子』だと言う。君のボルジガルがいくら弱い子馬であっても、馬であることには変わりはない。馬は大地を敷き布団、青空を掛け布団にし、風の音を子守唄にする生き物だからね。君はボルジガルの馬としての誇りを奪っている。これからは草原で寝泊まりさせなさい。もっと自立させなさい。もう一つ、ボルジガルにはできるだけ栄養価が高い白いヨモギを食べさせなさい」

それから、ボルラダイフーは子馬を家の中で飼うことをきっぱりやめた。そして、毎日のように白いヨモギがあるところに子馬を連れていった。すると秋になる頃、ボルジガルは見違えるほどたくましくなってきた。だが、短い頸や縮れた毛は変わることがなかった。はっきり言ってみとれるほどの馬ではなかった。


そうして三年が過ぎた。

夏になると草原の各地でナーダムという夏祭りが行われる。ナーダムの重要な種目はモンゴル相撲、馬の長距離競争、弓射である。近所の子どもたちは馬の長距離競争のための練習を始めていた。それをみたボルラダイフーは父親に言った。

「お父さん！　僕も馬の長距離競争に出たい」

それを聞いた父親は、

「出てもいいが、肝心の馬はどこにいるんだ？」

と、怒った。一家には優れた競走馬を手に入れる余裕がなかった。

「僕のボルジガルは馬じゃないの？」

父親は、こっそり泣く息子を一瞥し、無言で出て行った。

翌日、父親が見知らぬ老人を連れてきた。二人はボルジガルの周囲を巡りながら長い時間話し合った。ボルラダイフーは二人のところに走っていきたかったが、昨日のこともあって、家のなかからじっと見つめていた。しばらくして、二人が家に入ってきた。そして、父親が息子に向かって言った。

「ボルジガルに乗ってレースに出てもいいよ。だが、そのための準備は大変だぞ。最後までやり遂げられるのか？」

「もちろん！」

と、ボルラダイフーは飛び上がった。

父親と一緒に来た老人は、ボルラダイフーの母親がいれてくれたミルクティーを美味しそうに飲みながらゆっくりと語った。

「競走馬にはそれぞれの特徴がある。スピードがあるもの、スピードはあまり出ないが持続力があるもの……。それぞれの馬のそれぞれの特徴を活かすことが、馬の長距離競争のコツだ。君のボルジガルは足が短いとはいっても、モンゴル軍をヨーロッパまで運んだモンゴル馬の子孫だから、それなりに可能性はあるはずだ。肝心なことは馬との信頼関係、そして、走る時、乗り手と馬が息を合わせることだ。君らにはすでに信頼関係ができているようだ。あとは……」

と、老人はボルラダイフーをみつめた。その老人は地元で有名な調教師だった。

翌日から練習が始まった。モンゴルでは、馬の長距離競争は広い草原で行われるので、普段もそのような場所で練習をする。しかし、親子は老人のアドバイスで砂や砂利の多いデコボコな場所を選んだ。そして、スピードは重視せず、長距離をゆっくり走らせる練習から始めた。二人は老人の指示通り、馬が食べる草にも注意を払った。太陽の光で水が蒸発すると草の栄養分も減ると言われているので、昼間は食べさせず、涼しくなってから食べさせた。草を食べる時間にも注意を払い、一時間食べさせてから一時間休ませた。するとみるみるうちに馬の毛はツヤを増し、目も輝いてきた

このように二ヶ月ほど練習してから近所の子どもたちの練習に加わった。みんなが、

「こんな足が短い馬を本気で走らせるつもりなのかい?」

と、からかったが親子は黙っていた。合同練習に参加してもボルジガルは上位に入ることはなく、自分のペースで走っていた。みんながさもあろうという目でみつめていた

が、一週間ほど経った頃から、ボルジガルは徐々にスピードを上げてくるのだった。

ナーダムが始まった。ナーダムの二日目は馬の長距離競争である。草原中の脚に自信のある競走馬がレースのスタート地点付近に集まってきた。だが、親子二人は急ぐ気配もなく、近所の人も二人のことを気に留めなかった。もちろん、ボルジガルは優勝候補に入るわけがなかった。

競争が始まる前夜、親子二人は、時折休みながらゆっくりとレースのスタート地点に向かい、朝日が出る頃到着した。そこには大勢の競走馬が集まっていて、馬の足音や嘶《いなな》きがあたり一面に響いていた。

レースが始まった。前日から集まっていた馬たちは勢いよく走り出した。だが、ボルジガルは相変わらず、自分のペースで走っていた。ボルラダイフーは父親の「前半は遊び半分、後半は本気、残りは鞭」という教えをしっかり守っていた。残り一〇キロほどになった時、前を走っていた馬たちのスピードが徐々に落ちてきた。反対にボルジガルは徐々にスピードを上げていった。実は、前日からレースのスタート地点に集まっていた馬たちは疲れ果てていた。というのも、その馬たちはスタート地点に到着した時から心の中で走り出していたのだ。当然ながらボルジガルは優勝した。

誰もが目に留めなかったボルジガルは一夜にして名馬となった。その後、大小合わせて計七二回のレースに優勝した。それとともにボルジガルも歳をとり、ボルラダイフーも大きくなり、ボルジガルに乗ることができなくなってきた。一般的に二、三〇キロの馬の長距離競争は、体の小さい子どもの騎手でないと馬が持たないからだ。

モンゴルでは、三と七は縁起のいい数字である。二人は縁起よく最後に七三回目のレースに出場することを決めた。ボルジガルもこれが最後のレースであると知ったかのように興奮気味に走り出した。ボルラダイフーも有終の美を飾りたいという気持ちで馬をコントロールせず、思うままに走らせた。そして、ボルジガルはそれまでにはなかった二番手の馬との激しい競《せ》り合いをみせながらゴールした。

ゴールしたとたん、ボルジガルの様子はおかしくなった。口から血混じりの泡を吹き出した。そして、大きく跳ね上がって地面に倒れ、二度と起き上がることがなかった。まるで自分の生き甲斐《がい》はレースそのものであったかのように、ボルジガルはゴールしたとたん死んでしまった。ボルラダイフーは愛馬の亡骸《なきがら》を抱き、激しく泣いた。欲張った自分を責め続けた。

ボルラダイフーは愛馬の亡骸をその場所に留めおくことにした。彼は仲間と一緒に愛馬の脚を丁寧にたたみ、ブラシをかけて汗をきれいに掃除し、尻尾を切り取った。来世で人間に生まれ変わるようにという意味があった。

あっという間に何年かが過ぎた。ボルラダイフーの心の傷もほぼ癒《い》えた。

秋のある日、ボルラダイフーは羊の放牧がてら愛馬の亡骸を見に行った。肉食動物に運び出され、小さい骨はほぼ残っていなかった。そこには頭蓋骨や太ももの骨だけが残されていた。

ボルラダイフーは愛馬の頭蓋骨の横に座り、しばらく二人が活躍した頃の思い出に浸《ひた》った。その時彼は、秋風が、長い年月、雨と風に打たれて乾燥しきった愛馬の頭蓋骨を通り抜けるたび、かすかであるが、不思議な音がすることに気づいた。頭蓋骨に付いた砂を取り除くと、その音がもっと美しく聞こえてきた。

ボルラダイフーは愛馬の頭蓋骨と残りの骨を持ち帰った。そして、頭蓋骨に太ももの長い骨を刺し、以前切り取った尻尾の毛を束ねて弦にした。それを狩猟用の弓で擦ってみると心地よい音色がした。弦をもう一本増やしてみるとさらに豊かな音色となった。

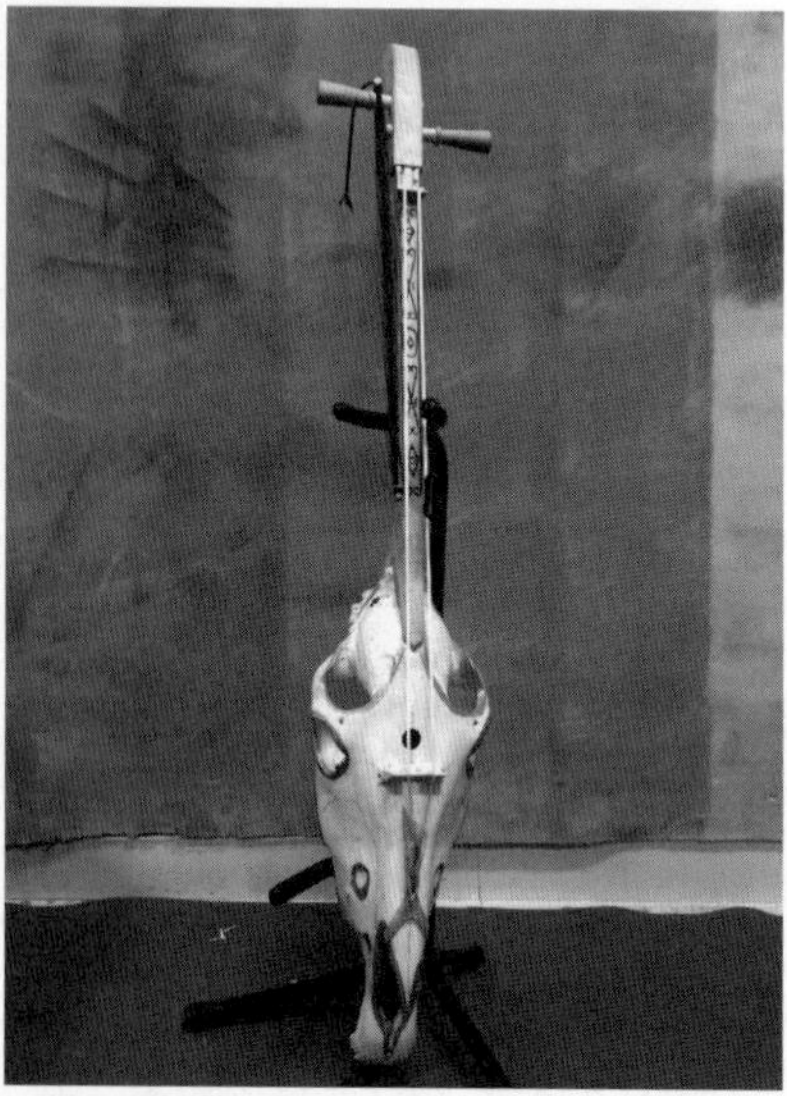

図23　馬の頭蓋骨で作られた馬頭琴。音はそれほど大きくないが音楽を奏《かな》でることができる。モンゴル国の著名な馬頭琴制作者であるバイカルジャブによれば、このような胴体に馬の頭蓋骨を用いた馬頭琴は彼の師匠であるインデリヤーが、モンゴル人画家のダンギス・ボルドーが描いた「駿馬《しゅんめ》の叙事詩」という絵をもとに一九八七年に初めて復元したという。現在は楽器として用いられるよりも馬頭琴工房などが祀っていることが多い。実際にこのような楽器が存在していたかどうか学術的には証明されていないが、この「ボルラダイフーの小馬」という話をみる限り、宗教儀式などで使用していた可能性がある。写真提供：馬頭琴奏者ムンクエルデニ（Möngkeerdeni）氏

ボルラダイフーは出来上がった楽器を持って愛馬が死んだ場所に行って弾いた。すると不思議なことに、目に見えない誰かが後ろから手伝ってくれているように、手が自然に動き出し、心地よいメロディーが流れ出した。それは大勢で聞けるほどの音量ではなかったが、そのかすかなメロディーは、彼の楽器を持つ手を通して全身に行き渡った。

その後、人々は馬の頭蓋骨の構造を参考に板で共鳴箱を作ったが、頭蓋骨の名残として楽器の一番上に馬の頭を彫刻した。馬頭琴はこのようにして出来上がったのだ。

11　馬頭琴の起源とシャマニズム

先にも少し触れたように、そもそもチョールはシャーマンの道具だった。シャーマンは様々な道具を用いて精霊たちを呼び寄せると同時にそれらの道具で精霊たちを制御する。

今日、一般にモンゴルのシャーマンは動物の革が張られた片面の太鼓や口琴を使うが、その昔はイヒル、チョールといった楽器も用いていたと言われていて、これらの楽器が時代とともに変化し、今日の馬頭琴になったのである。文化大革命が始まる少し前まで、私の地元にもイヒルを使うシャーマンがいた。

ところで、モンゴル人が飼育している家畜のなかでも、馬は視野が広く、頭の真後ろを除いたほぼ三六〇度近くを見渡すことができる。これがシャーマンの世界観や宇宙論と相まって広い世界を見渡すという意味で、のちに棹《さお》の先端に馬の頭を彫刻するようになったと言われており、近年は、この説がかなり有力視されている。また、棹の先端に彫刻された馬は、降臨してくる精霊の乗り物であるとも言われている。

実は、「スーホの白い馬」にある、死んだ白馬がスーホの夢のなかに現れて楽器の作り方を教えたという場面は、シャマニズム的発想と言える。シャマニズムでは、シャーマンは夢のなかで精霊たちに指示された方法で楽器や道具を作るとされている。だから、同じ太鼓であってもシャーマンによって形やそこに描かれる絵、そして使う材料が異なる。

「ボルラダイフーの小馬」の最後、ボルラダイフーが出来上がった楽器を持って愛馬が死んだ場所に行って弾いた時、目に見えない誰かが後ろから手伝っているように手が自然に動き出し、心地よいメロディーが流れ出したという場面にもやはりシャマニズム的要素がある。シャマニズムでは、シャーマン自身が楽器を弾くのではなく、精霊によって楽器が演奏されていると考えられている。精霊が降りてこなければシャーマン自身は楽器が弾けない。チャハル地域では今もこんな言い伝えが語られている。夜なか、三差路の真んなかに馬の頭蓋骨を置いて、その上に座って馬頭琴を構える。すると、手が自然に動き始め、一夜にして馬頭琴の達人になれると。

要するに、馬頭琴の起源にまつわる「スーホの白い馬」、そして「チョールの物語」や「ボルラダイフーの小馬」に共通する点は、その背後にモンゴル古来の信仰であるシャマニズム的要素が秘められているということだ。もちろん、馬頭琴がシャーマンの道具だったかどうかを検証するのには、これらの話だけでは不十分である。だが、馬頭琴は「馬頭琴」や「スーホの白い馬」にあるような、モンゴル社会における階級間の対立やそれを伴う血生臭い争いのなかから生まれた楽器でないことは確かである。

【コラム11】モンゴルの馬頭琴「モリン・ホール」

馬頭琴はモンゴル語で「モリン・ホール」という。モリン・ホールのモリンは「馬」を意味し、ホールは「弓で弦を擦って音を出す楽器」を意味するが、ホールという言葉は人を騙すという意味のモンゴル語「ハーゴル（Qagur）」に由来するという説もある。現在、一般に使われている馬頭琴は、決して一つの楽器が時代とともに少しずつ進化して出来上がったものではない。その素材にしろ、構造にしろ、音程にしろ、弾き方にしろ、同様の特徴を持つチョール、イヒル、シナガン・ホールといったモンゴル高原の牧畜民の間に古くから伝わる弦楽器のよいところが寄り集まって完成したものである。ゆえに材料や形状は言うまでもなく、チューニングや演奏方法も様々だった。

これらの楽器の共通点は、共鳴箱の表面に動物の革（主に駱駝や山羊の革）が張られていることと、馬の尻尾の毛を束ねた二本の弦を弓で擦って音を出すという点である。棹の先端部分が馬の頭の形をしているものもあればそうでないものもある（図24）。

図24　著者の家で代々受け継がれている馬頭琴。共鳴箱の振動響板の役割を持つ面に駱駝の皮が張られている。著者の祖母は馬頭琴ではなく、イヒル・ホールと呼んでいた。文化大革命の荒波を乗り越えた数少ない民族楽器の一つである。馬の尻尾の弦が乾燥して切れてしまったので、弦のないまま保管している。馬が少し恐ろしい表情をしているが、これは「悪ものを抑え込む」という宗教的な意味合いによるものであると言われている。

一昔前には、共鳴箱の表面に動物の革が張られ、棹の先端部分が馬の頭の形をし、馬の尻尾の毛を弦にした楽器が広く使われていた。通称「アラソン・ホール」である**（図25、P13音声データ参照）**。アラソンは皮を意味する。

アラソン・ホールは湿度や温度によってチューニングが変わりやすかったので舞台音楽に向かなかった。そこで、モンゴル国では一九六七年頃にロシア人のバイオリン職人D・V・ヤローヴォイ（一九二二年〜一九九一年）の協力で、内モンゴルでは一九八二年頃に馬頭琴奏者チ・ボラグらの提案でそれぞれ改良された（図26）。

共鳴箱は、表面が動物の革から白松に変わり、そこに表板と裏板を繋ぎ、楽器全体に音が響くようになる役割のある棒（魂柱《こんちゅう》）が入れられた。弓には弾性と耐久性に富んだブラジルウッドが使用され、より精密に作られた。また、この時期から細い釣り糸（低音弦約一四〇本、高音弦約一二〇本）を束ねたようなナイロン製の弦が普及し、それに伴いモンゴル国では低音弦F、高音弦B♭《フラット》のチューニング、内モンゴルでは低音弦G、高音弦Cのチューニングが定着した。

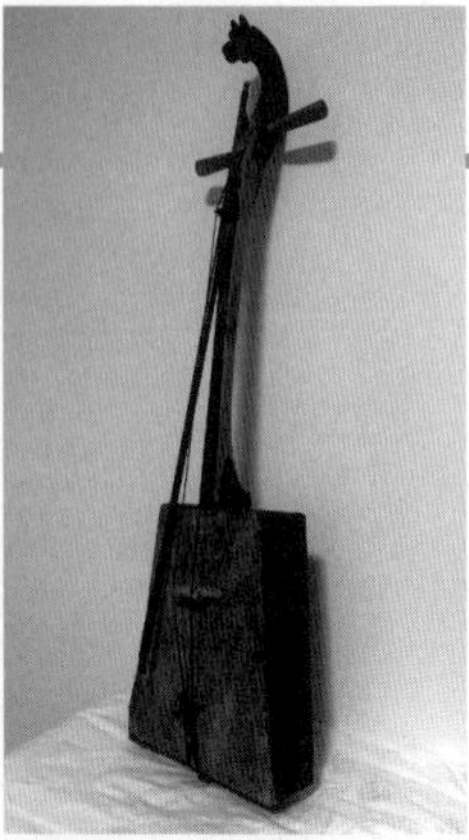

図25　アラソン・ホール。写真提供：バトムンコ（Batu-mönghe）氏

図26　現代の馬頭琴。左はモンゴル国スタイルで、右は内モンゴルスタイルである

第五章

満洲国から中国へ、翻弄され続けるモンゴル民族

「スーホの白い馬」が日本人にいかに受け止められているか、という問題を考えながら、中国や漢族文化に介在されることによって、少数民族に対する日本人の理解がどれほどゆがめられ貶《おとし》められているか、という問題を、内モンゴル出身の研究者の視点から述べたい。

これは塞野《セーイエ》版「馬頭琴」の創作に反映された、「夷狄《いてき》」としてのモンゴルに対する中国人のオリエンタリズムを理解するためには不可欠である。またこれは中国人のモンゴル人を含む少数民族に対する「思想的に立ち後れた同胞」という考え方の礎《いしずえ》でもある。内モンゴルはその「思想的に立ち後れた」少数民族のなかでも試金石的な存在であり、今も突きつけられている現実についてより多くの日本人に知ってほしい。

1　「スーホの白い馬」はどこの国の物語なのか

著者はこれまでに多くの日本の小学校で馬頭琴の「出前授業」を行ってきた。その際、子どもたちに「今日、どうしてモンゴル人の私が馬頭琴という楽器を持ってきたと思いますか?」と質問する。それは、この時間に勉強することは、みなが勉強している「スーホの白い馬」と関係があるということを、子どもたちに理解させるためである。いわば出前授業への導きである。さもないと、相手は小学校低学年であることが多いから、モンゴル人が来て話をし、楽器を演奏したということで終わってしまう可能性もあるからだ。

狙い通り多くの子どもが「私たちが勉強している『スーホの白い馬』はモンゴルの話で、そこに馬頭琴という楽器が出てくるからです」と答える。もちろん、相手は低学年の子どもだから、こんな的を射た解答をするわけではなく、およその内容である。なかには、私の質問に一人も答えられない場合もある。そういう時は、私の方から「皆さんは今、国語の授業で何を勉強しているのでしたか?」と誘導すると、ほぼ全員が「スーホの白い馬」と答えられる。「そのスーホの白い馬は、どこの国の話ですか」とさらに誘導すると「モンゴルの話です」と、そこで話が繋がるのである。

ところが、なかには「中国の話です」と答える子どもも意外と多く、最初はその子の勘違いではないかと思っていたのだが、回数を重ねるにつれどうやらそうではないように感じた。そこで、その子どもたちに「どうして中国の話だと思いますか」と逆に質問すると「だって中国の北の方の話ですから」「中国の北の方のモンゴルの話ですから」という答えが返ってきた。多くの子どもが「『スーホの白い馬』は中国の話」だと勘違いしている理由はこれだった。ゆえに、「スーホの白い馬」の読み手が主に子どもであることを考えると、この「中国の北の方」という表現を削除した方がより望ましいと思うのだ。

絵本の場合、月刊絵本『こどものとも』として刊行された『スーホのしろいうま』の跋《ばつ》文《ぶん》には「モンゴルというのは、いわゆる蒙古のことで、現在のモンゴル人民共和国（現・モンゴル国。引用者註）や中華人民共和国の一部の地域をさします。私たちにとってはチンギズ・カン（ジンギスカン）の名をとおして親しい民族です。生活の糧として、牛や馬や羊をかい、牧草をもとめて移動する遊牧民族で、騎馬がとくいです」とあるが、一九六七年初版の改訂版絵本『スーホの白い馬』から現在の「中国の北のほう、モンゴルには……」に変わっている。

教科書の場合、一九六五年度版から一九七四年度版は「むかし、むかし、モンゴルという国に……」となっていたが、一九七七年度版から現在の「中国の北の方、モンゴルには……」という表現に変わっている。

では、なぜモンゴルの民話であるはずの「スーホの白い馬」が「中国の北のほう(方)、モンゴルには……」と始まるのか。なぜ「中国」という、政治的空間を示す言葉を入れなければならなかったのか。出前授業を重ねて行くうちに、自分のなかで、このような疑問が膨らんでいった。

時期的に日中国交正常化に伴う、政治的配慮が影響しているのではないかとも思われるが、出前授業の際、現場の教員に「『スーホの白い馬』はモンゴル民話なのに、中国の北の方……と始まることについてどう思いますか」と質問をしてみた。すると、「そうですか」、「それが何か問題ですか」と、まるで私の頭に角でも生えたかのような不思議な眼差しで見つめ返す教員がいたりする。急な質問に驚いたのか。何事にも疑問を持たない「平和ボケ」なのか……。私を見つめるその眼差しをみて続けて聞く勇気がなかったこともたびたびある。あるいは、この外国人が日本の国語教科書のアラを探していると思ったかもしれない。

全体的には「あまり考えたことがないが、言われてみれば不自然だ」と答えた教員が多かった。当然と言えば当然である。しかし、この話が日本に入ってきてから約六〇年が経つのに、私が知る限り日本人の誰一人からも疑問を呈されたことがない。光村図書は二〇〇五年度版教科書から「スーホの白い馬」の挿絵を赤羽末吉の絵からリー＝リーシアンの絵に変更するなど、大きくリニューアルしているが、この「中国の北の方、モンゴルには……」という表現はそのままである。ある意味において、「スーホの白い馬」は、日本社会にあまりにも溶け込んでしまったゆえに、疑問の余地がなくなっているのかもしれない。

2 かつての植民地の地理も知らない日本人

一見すると、この表現は物語の舞台を示す言葉のようにみえるが、私には、その背後に中国を基準におきながら地理的関係を捉える日本人特有の思考感覚のようなものが存在するように思えてならない。例えば、内モンゴルについてよく知らない日本人に、著者が「あの〝満蒙〟の〝蒙〟にあたる地域が内モンゴルだ」などと日本の近代史を踏まえながら説明を試みても、多くの日本人はまずピンとこない。むしろ「中国の北の方」と説明すると、たちどころに合点のいく表情を浮かべることが多いのだ。

今日、経済大国として生まれ変わろうとしている中国に対する日本人のイメージは複雑に変容してはいるのだが、やはり多くの日本人の思考の根底にある「中国」という言葉は、広義で「世界」を意味し、狭義では、東アジアを知る上での手がかりや基準、フィルターのような存在として支配しているように思える。それが中国を介在した「モンゴル理解」を生み出しているのではないだろうか。

司馬遼太郎が『街道をゆく』５「モンゴル紀行」（朝日文庫新装版、二〇〇八年）のなかで面白いエピソードを紹介している。モンゴル（当時のモンゴル人民共和国）への出発の前夜、荷ごしらえをしていた時にさほどの用事もない様子で訪れてきた友人を早く帰らせたくて「じつはモンゴルへゆくんだ」と言うと、その友人は茶碗ごしに彼をじっとみて「モンゴルという国、あるの?」と言ったことを記しており、「かれにすれば、そんな国も民族も、はるかな歴史的存在で、今の世の中に在りようもなく、たとえば突厥《とっけつ》、大食《タージ》、吐蕃《とばん》などの活躍したころの影絵のような印象の世界に組み入れられているのであろう」とコメントを加えている。

しかし、司馬遼太郎が語るエピソードは一九七三年のことである。現在は情報化社会であり、手元のスマートフォンで何でも調べられる時代だ。だから、歴史教科書に断片的に登場するチンギス・ハーンやクビライ、テレビでたまに映される広大な草原のイメージに空想のモンゴルを描く時代はもはや終わっている。逆にかつて植民地としていた内モンゴルのことを知らないのは宗主国の日本国民として無恥極まりないことである。極言すれば、日本は宗主国として内モンゴルのモンゴル人に特別永住者の資格を与えるべきではないだろうか、とさえ思う。

3 日本人と中国人の「スーホの白い馬」の受け止め方の違い

そもそも日本人にとっての「スーホの白い馬」と、中国人にとっての「馬頭琴」の受け止め方が異なる。

日本人は物事の途中経過を重視する民族である。それが「スーホの白い馬」にも活かされている。スーホという少年が草原で生まれたばかりの子馬をみつけ、その子馬を大事に育て立派な馬にする。これが日本人にとっての美であり、感動するところである。子馬に対する日本人のイメージもポイントである。通常、日本では子馬というと、弱々しい人間の赤ちゃんを連想する人が多いだろう。この弱々しい存在の子馬が、立派な白い馬として成長するプロセスが知らず知らずのうちに多くの日本人読者の心の弦を震わせたのだと思われる。

このように日本人は物事の途中経過を重視し、そのプロセスを踏まえながらハッピーエンド的な終わり方を望む傾向がある。だから、大塚は「スーホは、どこへ行くときも、この馬頭琴をもっていきました。それをひくたびに、スーホは、白馬をころされたくやしさや、白馬にのって草原をかけ回った楽しさを思い出しました」と変更しているし、読んだ人も「めでたしめでたし」という気持ちになるわけである。

一方、中国人にとって、すべてにおいて大事なのは結果である。歴史家の宮脇淳子は「中国の歴史観は独特です。すべて結果ありきで、結果から過去を判断するのです。〝成功したから正しい〟〝失敗したやつには天命がなかったのだから悪い〟というわけです」（『日本人が知らない満洲国の真実』（扶桑社、二〇一七年）と指摘している。的を射た指摘である。中国は歴史においても政治においても個人の生活においてもすべて結果ありきで、結果から過去を判断する。

ゆえに、中国では王朝が滅びるたびに前の皇帝の功績を否定し、その皇帝がいかに愚かで淫乱なやつだったと、あるいは罪のない大衆を殺す残酷極まりないやつだったと非難する。ゆえに滅んで当然だということになるし、「悪」を滅ぼしたのだから結果として自分たちは「善」になるというわけだ。「馬頭琴」のなかで王爺《ワンイエ》を悪として登場させたのもこのためである。

中国共産党もこの手をうまく使って政権を握ったが、歴代王朝と違うのは政権を手に入れた時から、新しい政権が誕生して自分たちを否定するのを警戒し始めたことだ。それゆえ、どんな手段を使っても今の体制を維持しようとするし、半永久政権を目指すわけである。そのために古い時代がいかに悪かったのか、日本とアメリカがいかに悪かったのかを、人民に対して宣伝し続けるのである。塞野版「馬頭琴」は「馬頭琴を弾くたびに、スーホのなかに王爺への憎しみがよみがえる」というような闘争性を帯びさせるような終わり方をしているのもこのためである。

一方、馬や牛などを相手にしている牧畜民は、物語のプロセスや結果より、「生き物と人間の絆《きずな》」と聞くだけでグッときてしまう。自分や家族の体験が、物語の内容と直《じか》に結びつくからである。よって、その内容も簡潔で、「スーホが、心をこめてせわしたおかげで、子馬は、すくすくとそだちました」などと当たり前のことをいちいち説明することはあまりないのだ。

4　そもそも中国の「王爺」とモンゴルの「ノヤン（王様）」は概念の異なる存在

先にも触れたように「スーホの白い馬」では「殿様」となっているが、塞野版「馬頭琴」では「王爺」となっている。この王爺は、モンゴル古来の爵位「ノヤン（王様）」に当てたものでもあるが、第二章でも述べたように中国人が言う「王爺」は独特な概念であり、モンゴル人が言う「ノヤン」とは根本的に異なる。

モンゴル人は、成吉思汗の直系子孫のことを「黄金氏族《アルタン・ウルク》」と敬称し、黄金氏族出身のノヤンがモンゴル社会を統率するシステムはモンゴル帝国時代からあった。善し悪しは別としてこれは伝統であり、少なくともモンゴル人はこの社会システムに満足していたし、黄金氏族のおかげでモンゴルだけではなく、ユーラシア草原がうまく統率され繁栄してきたのも事実である。ゆえにノヤンは、ノヤン・オルギル（山のいただき）、ノヤン・ニロー（家の梁《はり》）というように使われることが多く、そこには「聖なるシンボル」または「支える」

という意味合いが含まれている。だから、中国人は、このモンゴル古来の社会システム、つまりモンゴル伝統社会を支えてきた骨組みを崩すために黄金氏族が代表する支配階級を「悪」として非難し、狙い撃ちしたのである。「馬頭琴」で王爺を「悪」として描いたのもそのためである。

問題はこれらのことをモンゴル人自らがやろうとしたのではなく、すべて外部から来た漢人がやったことだ。例えば、私たち外国人がある日、突然、「象徴天皇制は廃止しなければならない」「私たちはアパートの狭いワンルームに住んでいるのに対して周囲の日本人は一戸建てに住んでいる。これは不平等だ」などと叫んだら、日本人は呆《あき》れて失笑するだろう。しかし、かつての内モンゴルではそのようなことが漢人によって平気で行われたし、それを「失笑」していたモンゴル人たちも一網打尽にされた。

実際、「馬頭琴」で描かれた王爺の横暴な振る舞いは、ある意味伝統的な、中国社会における支配階級の姿である。『人民中国』(一九五九年一月号)に所収されている「民話　馬頭琴の話」の挿絵には、中国風の華麗な宮殿の前で、獰猛《どうもう》な王爺が高圧的な態度でスーホに接している様子が描かれているが(図27)、有史以来、このような宮殿に居住するノヤン(モンゴル人)はいなかった。満洲国時代、日本と協力関係にあった、かの有名な徳王の王府もモンゴル式の移動式家屋であるゲルが集合した簡素なものだった。さらに言えば、成吉思汗さえ宮殿には居住しなかったのである。

そもそも牧畜社会には、マルクスが指摘するような階級は存在しなかった。モンゴル牧畜民は昔から広大な草原を家畜とともに移動する生活を送っていたので、マルクスが言うようなブルジョワジーとプロレタリアート間の対立が生じにくい環境だった。白馬に跨《また》がって草原を自由に駆けるスーホはその一例である。ゆえに、モンゴル人がイメージするノヤンは獰猛かつ高圧的な存在ではないのである（図28）。

ところで、日本人の赤羽末吉は『スーホの白い馬』で、殿様の憎々しさや、権威を表現するため、画面いっぱいに後ろ姿を描いたと言うが、実際に彼はモンゴル草原では獰猛な権力者と会っていないから描きにくかったかもしれない（図29）。赤羽が貝子廟《ベイスインスム》を訪れた時代、内モンゴルで最も影響力のあった徳王は、若者たちとモンゴル相撲を取ったり弓を射たりして遊ぶほど民衆の生活に溶け込んでいたのだから。

図27　中国人によって描かれた王爺。『人民中国』（一九五九年一月号）所収「民話　馬頭琴の話」より

図28　モンゴル人によって描かれた王様（ノヤン）。これはモンゴルの民間説話における上流階級と下流階級の対立を描いた絵本『バルガンサンの物語』に描かれたノヤンだが、獰猛かつ高圧的な権力者というよりユーモア溢れる表情が特徴的。*Š.Sodim-a2003,Balyansang-un üliger III: Wang noyan-iyer tohuyurqaysan-ni*より

図29　赤羽が描いた殿様。殿様の後ろに立っている武士の背中にある、四角い模様のようなものは、実は模様ではなく、辮髪《べんぱつ》用の袋である。昔、モンゴルの男性、特に武士は辮髪が馬の鞍《くら》などに絡むのを防ぐために、背中に小さなフェルト製の袋をかけ、馬に乗る時や相撲を取る時には辮髪をその袋に収めていた。また、スーホが持っているのはトロフィーではなく、一等を表す番号札であり、今でも使われている。図は絵本『スーホの白い馬』より

5　スーホは本当に貧しかったのか

スーホの生活ぶりについて塞野版「馬頭琴」の「わずか二〇頭あまりの羊を頼って暮らしている」という表現を、「スーホの白い馬」では「スーホという、まずしいひつじかいの少年」と意訳していることは先に述べた。当時としてわずか二〇頭ほどの羊しか飼っていない家は実際貧しい家庭であると言ってよい。

ここで少し視点を変えて考えてみよう。

スーホには競馬大会に優勝するほどの立派な白い馬、二〇頭あまりの羊、ぼろぼろだったかもしれないが住居のゲル、そして自由に使える広大な牧草地があった。こう考えてみれば、スーホは決して貧しくなかったとも言える。いや、競馬大会に優勝するほどの立派な白い馬を持っていた時点でスーホはそこそこの財産を持っていたということになる（今現在、内モンゴル草原にスーホほどの財産も持たないモンゴル人は大勢いる）。

もう少し別の観点からみてみよう。『アルプスの少女ハイジ』の、天真爛漫なハイジの前向きな生き方に心を打たれた日本人は大勢いるに違いない。しかし、現実問題として考えてみると、ハイジは自分の財産と言える財産は何も持たず（住居や飼い犬の所有者は祖父）、その点ではスーホの方が経済的に安定していたとも言えないだろうか。しかし残念ながら私たちは制作者が作り上げたキャラクター像の通り、ハイジは明るく利発な心優しい少女、スーホは貧しい羊飼いと受け止めてしまいがちである。

ところで、当時、内モンゴル草原に移住してきた漢人の多くは貧困や飢えに苦しむ人ばかりだった。わずか二〇頭あまりの羊を頼って暮らしているスーホのようなモンゴル人たちは、そんな彼らの姿に同情し、仕事や牧草地まで与えた。にもかかわらず、土地改革やのちの文化大革命の際に彼らは、「我々はモンゴル人に搾取《さくしゅ》されてきた」と、文字通り恩を仇《あだ》で返してきたのである。

先にも触れたように、塞野版「馬頭琴」の原話について調査する際、「あなたの知っている馬頭琴起源伝説を教えてください」との質問に、返ってきたのは塞野版「馬頭琴」に近いものばかりだった。そこで、塞野版「馬頭琴」をモンゴル語に訳して語った後、「今の物語とあなたが小さい頃に聞いた物語に違いはありますか」と質問を変えると、ようやくその違いについて気づき始めた。これはつまり記憶のすり替えによるものである。問題は彼らが自分たちの記憶がすり替えられていることを知らなかったことだ。一個人からすれば決して大きな問題ではないのかもしれないが、民族という集団から考えれば、もはやある種の悲劇である。

6　内モンゴルで強化される中国による同化政策

二〇〇二年に中国中小学教材審定委員会が検定した、全国共通の義務教育課程標準実験教科書『語文（二・下）』、日本で言う『国語』にも「馬頭琴」という話が掲載されていた。その内容は塞野版「馬頭琴」の縮小版である。この教科書は北京・語文出版社が発行、二〇〇二年から二〇一六年まで中国語で授業を行う小学校、通称「漢族学校」で使われていたが、二〇一七年に内容が変わり、「馬頭琴」も削除された。

しかし今度は、二〇一七年に中国教育部が検定し、人民教育出版社が発行した義務教育教科書『道徳与法治（二年・上）』の第四単元「家郷物産養育我（私を育ててくれた故郷の物産）」に「馬頭琴伝説」のダイジェスト版が掲載された。この教科書が全国向けの教科書であることや、その単元名をみれば、今日、馬頭琴は中国の楽器として扱われていることがわかる。実は、馬頭琴の起源にまつわる物語が『語文』から『道徳与法治』の教科書に移転したのにも理由があった。

二〇二〇年、中国政府は内モンゴルにおいて、新学期が始まる九月から、これまで全教科をモンゴル語で教えていた学校、通称「民族学校」において中国語教育や同化政策を強化する新カリキュラムを導入し、物議を醸《かも》した。

詳しく言えば、小学校一年生から『語文』を用いて完全に中国語で教えることとし（それまで民族小学校においては二年生から中国語を『漢語文』としてモンゴル語で解説を加えながら教えていた）、従来使われていた内蒙古教育出版社編集の『ヘル・ビチッグ（語文）』を、モンゴル語を教える教材、つまり単なる語学教材だと位置づけた。そして、時間割などでは『ヘル・ビチッグ（語文）』ではなく、必ず『蒙語（モンゴル語）』と明記するよう指示された。さらに、二〇二一年の新学期からは、同じく小学校一年生から『道徳与法治』を用いて完全に中国語で教えることが定められた。つまり、モンゴルの民族楽器である馬頭琴の起源にまつわる話が、国語教科書としての『語文』に掲載されることは不自然だと判断し、カリキュラム編成に先立って愛国心を育てる教材『道徳与法治』に移したのだと思われる。

中学校の場合も、同じく二〇二〇年九月から中国語を全国共通の『語文』を用いて完全に中国語で教え、それまでの『ヘル・ビチッグ』をモンゴル語教材と位置づけ、『蒙語』

と明記するよう指示された。そして、二年生には二〇二一年の新学期から『道徳与法治』を、三年生には二〇二二年の新学期から『歴史』を完全に中国語で教えるという。

また、一般的にはあまり知られていないが、二〇二〇年度から民族学校の教科書『ヘル・ビチッグ』の中身が全体的に変わった。例えば、中学校一年生用『ヘル・ビチッグ』にあったモンゴル国出身の著名な詩人D・ナツァグドルジの代表作「我が故郷」、成吉思汗の少年時代を描いた歴史物語「少年時代のテムジン」、中学校二年生用『ヘル・ビチッグ』にあったモンゴル国出身の著名な言語学者B・リンチンの詩「モンゴル語」、三年生用『ヘル・ビチッグ』にあったモンゴル国出身の著名な詩人B・ラフハスレンの「ボルジギンの草原」などモンゴル国出身の作家を中心にモンゴルの誇りを讃《たた》えた作品が全体的に削除され、代わりに毛沢東や中国人作家の作品が増加しているのだ。

7　チンギス・ハーンも中国人になるのか

新カリキュラム導入を巡って多くの保護者は「憲法で保障されている母語で教育を受ける権利が侵害されている」「読み書きができない小学一年生に、中国の国語を完全に中国語で教えることは、言語発達遅滞が起きかねず、モンゴル人としてのアイデンティティが確立できなくなり、結果として自分たちの歴史を忘れ、モンゴル文化の消滅を招きかねない」といった意見が上がった。しかし、中国政府は「統一した国家として共通の教科書を使用するのは当然のことだ」という一点張りの回答を繰り返した。

一方、世界各地に移住している内モンゴル人によって「モンゴル民族の言語・文化の消滅に繋がる同化政策だ」と抗議活動が展開された。合法的なデモすら許されない内モンゴルでは、保護者たちがＳＮＳ上にグループを作り、子どもを学校に送らないようにと呼びかけ、多くの保護者が賛同した。

内モンゴル草原は面積が広い上、交通手段が発達してないので大半の子どもは小学校に入学すると同時に学校の寮に入る習慣がある。また、新学期のスタートも地域によって一週間ほどずれることがあるので、すでに子どもを学校に送っている家庭もあった。その保護者たちは子どもを連れ戻すために続々と学校に集まったが、時すでに遅く、学校は武装警察に囲まれていた。校門前に集まり、子どもたちを家に帰すよう求めた保護者たちは、警察に次々と逮捕され、ＳＮＳ上に書き込みをした人たちまで取り締まり始めた。同時に中国政府は、子どもを学校に送ってない家庭に対して、ただちに子どもを学校に送らないと公務員の場合は解雇、牧畜民の場合は国や自治体からの補助金や銀行からの融資をすべて停止させると通告した。実際に解雇された人も数多くいる。政府は、漢族学校の子どもにモンゴルの民族衣装を着せて、新学期が円満にスタートしたニュースを報道する傍《かたわ》ら、子どもを学校に送っていない各家庭にパトカーを派遣し、子どもを無理やり連れ出したりしてなんとか新学期をスタートさせた。

日本では、「統一国家には統一言語が必要だ」などと、中国政府の説明に理解を示す日本人がいるようだが、彼らには「ぜひとも現地まで足を運び、何が起きているのか、自分の目で確認してから発言してください」とアドバイスしたい。単なる言語政策であれば最初から武装警察を動かす必要はあったのだろうか。日本には、あまりにも恵まれた環境に慣れてしまい、それが当たり前になってしまったがゆえに、自分たちがいかにありがたい状況に生きているのか、わからなくなっている人も多いようだ。民主主義国家で、自由という権利を存分に味わいながら、人民に対して基本的な発言の権利も与えない政党を賛美するほどに愚かな人も大勢いる。

事実、今の内モンゴルでは中国語は共通の言語になっていて、中国語が話せないモンゴル人はほとんどいない。学校に通ったことがなく、草原の奥地に暮らす老人すら中国語が話せるのだ。いや、話せるだけではない。二〇一七年六月にチャハル草原の正鑲白旗《ショロン・チャガン・ホショー》の教育委員会教研室（学校教育課）が、旗内のモンゴル人の子どもが通う民族小・中学校と、漢人の子どもが通う小・中学校で行った調査によれば、民族学校のモンゴル人生徒の中国語の発音が、漢人生徒よりきれいで、より標準であることが明らかにされ、一時期話題となった。これに驚く人がいるかもしれないが、実は、中国語には多くの方言があり、特に農村部では訛《なま》りが強く、何語を話しているのか、わからないことが多い。このような地域に生まれ育った子どもは、生まれた時から方言を話して育つので、大きくなってもなかなか訛りが直らない。私の周りにもこのような中国人はたくさんいる。一方、モンゴル人など少数民族の子どもは最初から、いわゆる標準語を習うので、その発音はきれいである。これらのことを踏まえて考えても、今回の中国政府が打ち出した政策は、やはり単なる言語政策ではないことがわかる。

この騒ぎが収まらないうちにもう一つのニュースが世界中に衝撃を与えた。フランス西部のナント博物館が予定していた「成吉思汗とモンゴル帝国展」について中国政府が、「成吉思汗」「帝国」「モンゴル」といった言葉を削除するように要求したという。博物館側は、中国側に配慮する形で展覧会の名称を「天空と草原の子　成吉思汗とモンゴル帝国の誕生」に改めることを提案した。しかし、中国側は満足せず代案として「一体化、相互学習、統合　一二世紀以降の中国の北方草原」という名称を提示した。結局、ナント博物館側は中国側の要求に応じず、一〇月一二日に人道的、科学的、理論的価値観を守るため、展示会の中止を決定したと発表した。

「スーホの白い馬」でおなじみの「中国の北の方、モンゴル」がいよいよ「中国の北方草原」になろうとしている。私たちが、この中国が描いた「物語」にどこまで付き合い、どう対応すべきなのかを真剣に考える時はきている。

『スーホの白い馬』が世界へ羽ばたいたことは、この物語が優れた文学作品として完成されていることを意味していると同時に、伝統文化という土台を離れて、人々の思い出や想像のなかで勝手に進化する「空想のモンゴル文化」の姿が垣間みえる瞬間でもある。そんな時、筆者には、スーホに抱きかかえられながら弱り果ててゆく白い馬と、日々、破壊されてゆく草原が重なってみえる。「スーホの白い馬」が、日々、忘れられてゆくモンゴル文化を描いた挽歌《ばんか》にすらみえるのである。筆者だけではない。多くのモンゴル人が「スーホの白い馬」を誇らしげに思うと同時にモンゴル文化が正確に発信されることを願っているに違いない。

あとがき

本書は、二〇一六年一〇月、風響社から刊行された拙著『「スーホの白い馬」の真実――モンゴル・中国・日本それぞれの姿』を加筆・修正し、新書化したものである。同書は研究書として、第四一回日本児童文学学会奨励賞を受賞するなど高く評価された。インターネット上にもたくさんの感想やコメントが書かれ、出版社や知人を通して手紙やはがきを寄せてくれた読者も多かった。この場を借りてもう一度、感謝を申し上げたい。

しかし、一般読者には文体が硬く、やや論文スタイルになってしまったと思い、読みやすくするため、今回は表現を直した上で小見出しを増やし、「馬頭琴」の整理者である中国人作家・塞野《セーイエ》氏へのインタビューや、終章として第五章を加えるなど構成し直したが、内容としては大きく変わってない。

ところで、誤解を招かないように次に示す二点を改めて強調しておきたい。

第一に、本書の意図は「スーホの白い馬」を否定的に捉えることではない。ましてや

「スーホの白い馬」やその原典である塞野版「馬頭琴」の制作者や彼らの功績を否定するつもりはないし、馬頭琴の起源にまつわる話をすべて否定しているものではない。さらに、「スーホの白い馬」を教科書から削除しようとしているわけでもない。「スーホの白い馬」を優れた文学作品として評価するとともに、今後も日本人とモンゴル人を繋ぐ懸け橋になり続けてほしいという思いを前提に、モンゴル民話から衣替えをした複雑な成立の過程や、その背後にある特定のイデオロギーに基づく思想を明確にし、モンゴル文化と矛盾する点を修正した上で再評価すべきであることをお伝えしたいのだ。

これはモンゴル文化を守り、それが正確に発信されることを望むモンゴル人の願望である。賢明な読者はきっと理解してくれるであろう。

むしろ、本書がきっかけで日本における内モンゴルについての理解が一層深まるはずである。日本と内モンゴルの交流は「スーホの白い馬」をきっかけに始まったものではない。第一章でも述べたように、私たちの交流には長い歴史があり、「スーホの白い馬」もその歴史の産物の一つにすぎない。

また、「スーホの白い馬」は国際理解の題材として使われることが多いので、その背後にあるモンゴル文化も正しく理解される必要がある。さもないと、「モンゴル人は平気で馬を弓矢で射殺する民族である」「モンゴルでは競馬大会の際、女性を賭ける習慣がある」（実際に私はそう質問されたことがある）といった誤解や偏見を生みかねない。

第二に、本書は何かしらのイデオロギーに基づいて書いたものではない。逆に「スーホの白い馬」の原典である塞野版「馬頭琴」が、社会主義の政治イデオロギーのもとでモンゴル民話をベースに創作されたことを、「スーホの白い馬」の発祥地であるチャハル草原で家畜を放牧しながら育ったモンゴル人の視点から明らかにしたものである。「スーホの白い馬」が「来日」してから約六〇年が経過しているが、誰一人疑問を持たず（持ったとしてもその疑問を呈することなく）、いわゆるモンゴル牧畜伝統社会で成立し、口承により伝えられた民話として扱い、子どもたちにもそう教えてきた。そこに異を唱えた本研究の意義は大きいと考える。少なくとも、モンゴル文化との矛盾点を指摘した点だけでも有意義な一冊であるはずだ。

もう一つ、「スーホの白い馬」をビジネスのネタにしている人たちには内モンゴルのことにも積極的に関与してほしい。それが世間でいう義理であり、のみならず内モンゴル人もあなたたちに感謝し続けるはずだ。

最後に、私の取材を快く引き受けてくださった塞野氏に深く感謝を申し上げる。彼は自分が整理し、作品化した話が日本を経由して世界へ羽ばたいていることを知らずにいたし、私からその話を聞いて素直に喜んでいた。彼のその純朴で欲のない人柄に大きな感銘を受けた。

また、扶桑社にも厚くお礼を申し上げる次第であるが、とりわけ出版局の小原美千代氏のお骨折りによって本書は刊行にこぎつけた。彼女はモンゴル国への留学経験がある、私たちモンゴル人のよき理解者である。心からお礼を申し上げる。

二〇二一年四月吉日　ミンガド・ボラグ

◎主な参考・引用文献

〈日本語〉

大塚勇三やく・赤羽末吉え『スーホのしろいうま』『こどものとも』一〇月号（「母の友」絵本67）、福音館書店、一九六一年
大塚勇三再話・赤羽末吉画『スーホの白い馬』福音館書店、二〇二〇年一四一刷（一九六七年初版）
大塚勇三「白い馬」「スーホの白い馬」『しょうがくしんこくご（二年・下）』『こくご（二・下）』所収、光村図書出版、一九六五年度版〜二〇二〇年度版
赤羽末吉『絵本よもやま話』偕成社、一九七九年
――「赤羽末吉よもやま話」『月刊絵本』一月号「特集　赤羽末吉の絵本」所収、すばる書房、一九七六年
松居直『絵本をみる眼』日本エディタースクール出版部、二〇〇四年新装版（一九七八年初版）
小西正保編『赤羽末吉』すばる書房、一九七七年
福音館書店編「絵本作家の書斎（四）」『母の友』一月号所収、二〇一一年
講談社編『画集　赤羽末吉の絵本』二〇一〇年
伊藤貴麿訳・大石哲路絵『中国童話集』（世界児童文学全集12）あかね書房、一九五九年
塞野整理・虹霖え「民話　馬頭琴の話」『人民中国』（日本語版）一月号（新年特大号）所収、外文出版社、一九五九年
賈芝・孫剣冰編・君島久子訳『白いりゅう黒いりゅう』岩波書店、一九六四年

青旗報社編『イフ・フフ・トグ（大青旗）』第二巻第九号、新京、一九四四年
田山茂『蒙古法典の研究』（アジア学業書84）大空社、二〇〇一年
楊海英『墓標なき草原――内モンゴルにおける文化大革命・虐殺の記録』（上・下）岩波書店、二〇〇九年
ハイシッヒ著・田中克彦訳『モンゴルの歴史と文化』岩波文庫、二〇〇〇年
長尾雅人『蒙古喇嘛廟記』高桐書院、一九四七年
磯野富士子『冬のモンゴル』中公文庫、一九八六年
梅棹忠夫『梅棹忠夫著作集』第2巻「モンゴル研究」、中央公論社、一九九〇年
森久男「関東軍の内蒙古工作と大蒙公司の設立」『中国21』（31）所収、愛知大学現代中国学会、二〇〇九年
内蒙古アパカ会・岡村秀太郎共編『特務機関』図書刊行会、一九九〇年
ミンガド・ボラグ『草はらに葬られた記憶「日本特務」――日本人による「内モンゴル工作」とモンゴル人による「対日協力」の光と影』関西学院大学出版会、二〇一九年
ボルジギン・ブレンサイン編『内モンゴルを知るための60章』明石書店、二〇一五年
若松寛訳『バラガンサン物語――モンゴルの滑稽ばなし』東洋文庫771、平凡社、二〇〇八年
ボルジギン・フスレ「内モンゴルにおける土地改革の変遷について（1946年~49年）――「土地改革」の展開を中心に」『学苑』（791）所収、昭和女子大学近代文化研究所、二〇〇六年
岡益巳「開放政策下の流行り謡の特徴」『岡山大学経済学会雑誌』（28）所収、一九九七年
後藤十三雄『蒙古の遊牧社会』生活社、一九四二年
司馬遼太郎『街道をゆく』5「モンゴル紀行」朝日文庫新装版、二〇〇八年
宮脇淳子『モンゴルの歴史――遊牧民の誕生からモンゴル国まで』（刀水歴史全書59）刀水書房、二〇〇〇

二年（二〇一八年増補新版）
——『日本人が知らない満洲国の真実——封印された歴史と日本の貢献』扶桑社新書、二〇一八年

〈モンゴル語〉

A. Odcar A. Odcar-un ǰokiyal-un tegübüri Öbür mongɣul-un soyul-un keblel-ün qoriy-a,1999（日本語題名：ア・オドスル『ア・オドスル作品集』内蒙古文化出版社、一九九九年）

Angh-a jerge-yin dumdadu surɣaguli-dü üjehü Kele bičig No.6, Öbür mongɣul-un surɣan kömüǰil-ün keblel-ün qoriy-a, 1984（日本語題目：初級中学校用『ヘル・ビチック（語文）』第6冊、内蒙古教育出版社、一九八四年度版）

Altandalai Yapon ba Öbür mongɣul Öbür mongɣul-un surɣan kömüǰil-ün keblel-ün qoriy-a 2004（日本語題名：アラタンダライ『日本と内モンゴル』内蒙古教育出版社、二〇〇四年）

N.Bökeqada Üǰümüčin Domuɣ-uud II Öbür mongɣul-un soyul-un keblel-ün qoriy-a,1990（日本語題名：N・ブヘハダ『ウジムチン神話』(二) 内蒙古文化出版社、一九九〇年）

Sodnam Šilideg ǰokiyal-un sonirqal:A.Odcar“Almas-un daɣuu” Öbür mongɣul-un surɣan kömüǰil-ün keblel-ün qoriy-a,1985（日本語題名：ソ・ドナム『鑑賞文学作品十編』ア・オドスル「アルマスの歌」内蒙古教育出版社、一九八五年）

Š.Sodim-a Balɣansang-un üliger III: Wang noyan-iyer tohuɣurqaɣsan-ni Öbür mongɣul-un arad-un keblel-ün qoriy-a,2003（日本語題名：シャア・ソティマー『バルガンサンの物語』(三)「王様をからかった」内

蒙古人民出版社、二〇〇三年）
Jiang Rong Činu-a Totem Liao ning moji-yin ündüsüten-ü keblel-ün qoriy-a,2006（日本語題名：姜戎『狼トーテム』遼寧省民族出版社 二〇〇六年）
Yisün jil-ün alban jirum-ün böhüli edür-ün dürimtü baγ-a surγaγuli-yin üjehü Kele bičig No.3 Öbür mongγul-un surγan kömüǰil-ün keblel-ün qoriy-a, 2001（日本語題名：九年義務教育全日制小学校国語用「ヘル・ビチック（語文）」（三）内蒙古教育出版社、二〇〇一年度版）

〈中国語〉
賈芝・孫剣冰編『中国民間故事選』作家出版社、一九五八年
賈芝・孫剣冰編『中国民間故事選』人民文学出版社、一九五八年
姜戎『狼圖騰』長江文芸出版社、二〇〇四年
内蒙古文学芸術工作者聯合会民間文学研究室編『馬頭琴――内蒙古民間故事』少年児童出版社、一九五六年
内蒙古語言文学歴史研究所文学研究室編『蒙古族民間故事選』上海文芸出版社、一九七九年
塞野原著・吉志西改編・顔梅華絵画『連環画版　馬頭琴』上海人民美術出版社、一九五六年六月
中国民間文芸研究会編『大規模地収集全国民歌』作家出版社、一九五八年

本書は二〇一六年十月、株式会社 風響社より単行本として刊行された
『「スーホの白い馬」の真実――モンゴル・中国・日本それぞれの姿』
を加筆・修正の上、新書化したものです。

編集協力・校正　皆川 秀
ＤＴＰ制作　生田 敦
地図・図版制作　株式会社テイク・オフ

ミンガド・ボラグ (Minggad Bulag)

1974年、内モンゴル自治区シリンゴル生まれ。1995年、教員養成学校であるシリンゴル盟蒙古師範学校を卒業、教員として働く。1999年に来日。2011年、関西学院大学教育学研究科博士課程後期課程修了。教育学博士。関西学院大学教育学部非常勤講師などを経て、現在はフリーランスライター、翻訳・通訳、馬頭琴奏者として日本各地で活動する傍ら関西を中心に国際理解や多文化共生、外国籍児童・生徒の問題や母語教育に携わっている。2013年、論文「『スーホの白い馬』は本当にモンゴルの民話なのか」(『日本とモンゴル』第126号、2013年)で日本モンゴル協会・第6回村上正二賞を受賞。2017年に著書『「スーホの白い馬」の真実——モンゴル・中国・日本それぞれの姿』(風響社、2016)で第41回日本児童文学学会奨励賞を受賞。ほかに著書や論文多数。

扶桑社新書　376

日本人が知らない
「スーホーの白い馬」の真実

発行日 2021年5月1日　初版第1刷発行

著　　者………ミンガド・ボラグ
発 行 者………久保田榮一
発 行 所………株式会社 扶桑社
〒105-8070
東京都港区芝浦 1-1-1 浜松町ビルディング
電話 03-6368-8870 (編集)
03-6368-8891 (郵便室)
www.fusosha.co.jp

印刷・製本………株式会社 廣済堂

Printed in Japan　ISBN 978-4-594-08795-1